恐怖箱

閉《へい》鎖《さ》怪《かい》談《だん》

加藤一 編著

竹書房文庫

※本書に登場する人物名は、様々な事情を考慮してすべて仮名にしてあります。また、作中に登場する体験者の記憶と体験当時の世相を鑑み、極力当時の様相を再現するよう心がけています。現代においては若干耳慣れない言葉・表記が登場する場合がありますが、これらは差別・侮蔑を意図する考えに基づくものではありません。

巻頭言　箱詰め職人からのご挨拶

加藤　一

「恐怖箱 閉鎖怪談」は、閉ざされた実話怪談集である。

閉ざされた――と一言で言っても色々ある。

物理的に閉ざされた空間、個室、ごく狭い場所であるとか。

空間としては相応に広さがあるが、離島であるとか。

地続きではあるが山間に閉ざされた陸の孤島、限界集落であるとか。

箱や容器に何かをしまい込む、であるとか。

もしくは形を持たない心が人々の輪から遊離して、閉じこもってしまうであるとか。

どうしても人目に晒したくない何かを、封じ込めてしまうであるとか。

なるほど、閉鎖されたそこには恐らく秘密や謎や晒されざる何かが息を潜めていそうではある。ではそこに踏みこんだら、いったい何に出会えるのか。

本書は閉じ込められた怪異をできうる限り詰め込んだ箱である。

鬼が出るか蛇が出るか。それとも後悔と怨念が鎌首擡げて飛び出すか。

どうか鍵を開け、扉を開け、蓋を開けていただきたい。

目次

ドライブ

聡美は車の運転ができない。

免許は持っているのだが、所謂《いわゆる》ペーパードライバーという奴で、身分証の役割しか果たしていない。無論、運転しようと思えばできるのだろうが、決してハンドルを握ろうとはしなかった。

曰く、車が怖い。運転席に座るのが怖くて、駄目なんだそうだ。

事故を起こしそうだとか、運転に自信がないとか、そういう理由ではない。

学生の頃、友人カップルと当時の彼氏と四人で心霊スポットへ行ったことがある。

皆考えることは同じだったのか、そこは同じようなカップルだらけで拍子抜けするほど何事もなく帰路に就いた。

「このまま帰るの、何か勿体なくねぇ?」

そう言ったのは彼氏だったか。近くに別の心霊スポットがないか友人達に検索して調べてもらったが、そう都合良く見つかる訳もない。

じゃあドライブがてら遠回りをして帰ろう、ということになった。

カーナビに設定された最短ルートには従わず、遠いほうへ回る。ルートを示される度にそれを繰り返した。

何度か遠回りをしているうちに、得体の知れない不安が込み上げる。少し、しつこすぎやしないだろうか。

「ねぇ、もういいんじゃない？　そろそろ帰ろうよ」

彼氏の返事はない。後部座席でじゃれ合っていた友人達もいつの間にか押し黙り、身動《みじろ》ぎする気配もない。

「もう帰ろうってば」

「いいって、いいから」

後ろから二人が宥《なだ》めてくる。そのうちガツンと助手席の座面を蹴られた。何事かと振り返ると、彼女は車の天井を見つめたまま小さく頭を横に振っている。

その異様さにもう一人の友人に目を移せば、彼は声を出さずに口の動きだけで何かを訴えている。何度も同じ形に口が動く。

「し」「た」

――下？

後部座席の足元へ視線を落とす。何も異変はない。意味が分からなくてそのまま運転席の彼氏へ顔を向けた。

「たすけて」

まっすぐ前を向いたままの横顔が小さく呟くのが見えた。その視線を辿る。フロントガラスには何も異常は見られない。

流石にムッとした。三人で示し合わせて自分をからかっているに違いない。

助手席のシートに深く凭《もた》れ、不快感に任せて右手で彼氏の膝を強く打った。確かに彼氏の膝、のはずだった。

腕があった。

細い腕が。

両足を抱え込むようにして、女が生えていた。

それからどうやって家に帰ったのか、記憶は曖昧だ。

その後三年の間に、聡美を除いた三人は運転中に単身事故を起こして亡くなった。

以来、運転するのが怖い。

運転席に座るのが怖くて怖くてたまらないのだ。

ヤカン

小林さんは、一人暮らし時代にアルマイト製のヤカンを持っていた。

大きいものではない。一リットルよりはコップ一杯ほど多く沸かすことができるが、ペットボトルの一・五リットルの水では溢れてしまう。

デザインも洒落たものではない。実用一辺倒だ。値段はもう忘れてしまったが、そんなに高いものではなかったような記憶がある。

沸いた湯を溜めるための魔法瓶は二・二リットルの容積なので、満タンにするには二回に分けて沸かさねばならない。そこだけが気に入らなかった。


ある朝、小林さんがいつものようにお湯を沸かしていると、ふわっとお味噌汁の香りが漂ってきた。

何処かの隙間から入り込んできているのだろうか。

暫くするとスッと消えた。

それ以来、連日お湯を沸かす度に味噌汁の香りが部屋に漂うようになった。

ある朝、香りの源を探そうと、ドアを開けて外の様子を確認した。だが、外には味噌汁の香りは漂っていない。

鼻を頼りに嗅ぎ回ると、ヤカンを火に掛けたコンロの周囲から香りが立ち込めている。どうにもこのヤカンが怪しい。確かに水道から直接ヤカンに水を注ぐ関係で、中までしっかり確認している訳ではない。果たして何かが入っているというのか。

小林さんは沸騰して泡音を立てるヤカンの蓋を開けた。

モワッと白い湯気が立ち上った。そのとぐろを巻く塊を透かして、湧き上がる水面に見覚えのない人物の顔が映った。男とも女とも付かない。ゆらゆら揺れる顔からは、いずれの感情も窺えない。

小林さんは我に返ると同時に、ヤカンの蓋を落としてしまった。

床に落ちた蓋からは、意外なほど軽い音がした。

蓋に目を向け、再度ヤカンの泡立つ水面に視線を移すと、もう顔は消えていた。

それ以来、お味噌汁の香りはしなくなってしまった。

個室

「ヨウジ、大丈夫か？　ヨウジ。出てきなさい」

終電を待っている間に入った駅構内の便所にその男はいた。

男は、閉じた大便用個室のドアにそう呼びかけていた。

見たところ五十代。

スーツ姿。

典型的な中年サラリーマンだ。

酔っているようには感じられない。

「出てきなさい。鍵を開けたらいいだけだから」

――フフ……。

男の呼びかけに反応したのか、個室から子供の小さな笑い声が聞こえた。

てっきり酔った男の仕事仲間か飲み仲間の類が、個室の中で朦朧《もうろう》としているのだろうと当たりを付けていたので、これには虚を突かれた。

想像するに、年端もいかぬ我が子がトイレの個室に入ったところなかなか外に出てこず、父親を困らせる事態になったということなのだろう。

「お子さんですか？」

助け舟のつもりで、そう声を掛けた。

「ええ、出てこなくて」

男は個室のドアを見つめながら、そう言った。

「中の様子を見ましょうか？　上から覗けるんで」

「お願いしていいですか……」

か細い男の返答を合図に隣の個室に入り、蓋のない洋式便器の便座に足を掛けて子供のいる側を上から覗く。

が、誰もそこにはいない。

「いますか？」

「……ここにはいないようです」

誰もいない個室を見ながら、言葉を返す。

子供の笑い声を自分も聞いている手前、何処かに子供がいるのだろう。

しかし滑稽《こっけい》なことに、男が問いかけている先にはいない。

——フフフ……。

また小さな笑い声が響いた。

「いませんか」

「ええ。隠れる場所もないようですが……」

「いないですか。じゃあ、いいです」

男はそう言い残し、折角便器に上がるまでした善意を踏みにじるように、便所から足早に出ていった。

「え。ちょっと……」

——フフフフフ……。

三度、子供の笑い声。

悪戯か。

ならば度が過ぎる。

無性に腹が立ち、男と同様、便所から出た。

家に帰ると、まだ妻は起きていた。

苛立ちからすっかり酔いも覚めた状態で、便所の親子のくだりを妻に話す。

「えっ、それ夢の話でしょ」

妻の的外れな相槌にムッとして、

「何が夢なもんか。違うよ、さっきあったことだって。別に電車で寝てた訳でもない」

「絶対夢よ。だってあなた、寝惚けてそれと同じこと何回もしてるんだから」

「また何を、訳が分からないことを。何だ同じことって」

「だからぁ。同じことよ。同じこと。あなた、真夜中にトイレの前でやってるのよ。寝惚けながら、

——ヨウジ、出てきなさい。

って」

「そんなことある訳ないだろ。ふざけるのもいい加減にしてくれ。疲れてるんだぞ」

「本当よぉ。あなたずっと前からそうよ。ヨウジが死んでから、あなたずっとそうよ。『ヨウジ、出てきなさい』なんてこと言われて、死んでるのにどうやって出てくるっていうのかしら」

「はぁ?」

と嫁の顔をまじまじと見る。

そして気が付く。

自分には嫁などいなかったことに。

それに、ここは何処だ？

誰の家だ？

記憶にない風景が見知らぬ女の顔と一緒に歪み、視界が元に戻ったときにはまだ駅の便所に自分はいた。

洋式便器の上に立ち、誰もいない隣の個室の便器を見下ろしていた。

――ウフフ。ウフフフ……。

参った。

酷いことに巻き込まれている。

トンッと便器から降り、俺は逃げた。

お隣さん

薫ママの店は雑居ビルの中にある小さなカウンターバーだ。

そこのトイレに入った客が、毎晩必ず言い難そうに語る話がある。

個室に入って用を足し、立ち上がろうとするタイミングで隣から響く大音量。

「ブバッ」

それはもう気持ちがいいくらいの潔さで放たれる音。

思わず個室を出てから苦笑いで隣を見て気付く。小さな店だ、個室など一つしかない。

他に悪さはしないし、害がないと言えば害はない。

ただ、トイレに入った客が微妙な顔をするだけだ。

「まあそれだけなんだけどね」

野太い声でそう言って、薫ママは逞《たくま》しい二の腕を見せつけるようにカウンターに頬杖を突いた。

トイレの花子さん

江藤さんが女子中学生の頃の話。

学校のトイレの個室に入っていると、ドアと反対側の壁がノックされた。

洋式便器の便座に腰掛け、左側が壁。右奥にスライド式の錠が掛かったドアがある。その左側の壁を叩かれた。

コンコン。

再びノックされた。

左隣には男子トイレが配置されている。男子が壁を叩いているのだろうか。

いや、待て。壁自体は石膏ボードだ。そのボードの向こう側には水道の配管が通っているのだろう。人が入れるような隙間ではないはずだ。

江藤さんは壁を叩いて確認した。

ゴッゴッというコンクリートを直接叩いたような感触が拳に伝わった。いつもと違う。

江藤さんはそれ以上踏み込んで調べる勇気は持ち合わせていなかった。

すぐに個室を出よう。

下着を上げて立ち上がり、フラッシュバルブを下げて水を流した。

鍵をスライドさせればすぐにでもドアを開けて外に出られる。そのはずだった。しかし、そのスライド錠がびくともしない。

横棒一本のカンヌキ錠だ。個室に入るときには、記憶に残らないほど自然に軽くスライドした。それが今は頑として動かない。

江藤さんがドアの前で格闘していると、背後から声を掛けられた。

「あのぉ……」

小学生低学年くらいの女の子が話している。そんなイメージが浮かんだ。

か細い声だったが、怖くて振り返ることができない。自分のすぐ背後。壁際すぐのところに誰か立っている。

「あのぉ……花子さんですか？」

「違います！」

即答だった。誰だ花子って。

答えた直後、今まであれだけ動かなかったスライド錠が、カチャンと音を立てて動いた。

期間限定

八月、お盆の頃の話である。

九州のある地方では汚染の元になるとかで、川や海には流さない代わりにお焚きあげ専用の精霊舟を作って海岸に積み上げる。

お供えを山のように載せたそれは、水に浮かべるという役割がないせいか、中には人が乗れそうな大きなものもあり、さながらキャンプファイヤーのようでもある。

とにもかくにも結構な規模で行われるお炊き上げは、夏の風物詩の一つであった。

この海岸は海水浴場にもなっていて、シャワーやトイレも常設されている。

ふと尿意を催しトイレに行くと、幾つか並んでいる個室のどれもが「使用禁止」になっていた。

管理者らしき人物に故障しているのかと訊けば、そうではないという。とにかく使えないから、数百メートル先にあるコンビニまで行ってくれとのこと。

結構距離があるのでそこまで行くのは面倒臭い。壊れていないなら使わせてくれと頼んでみたが、どうしても駄目だと言う。

しつこく粘ってみたところ、駄目なものは駄目なのだと突っぱねられた。

「この時期は女の霊が出るんだ。中から呻き声がしたりもする」

「ここにあるトイレ全部？」

「全部」

この時期だけ限定で、それ以外の時期は出ない。

だから今日は使えないのだ——と、管理者は苦虫を噛み潰したような顔で言った。

車の中

恭二さんという五十代の男性から聞いた話。

一人暮らしの恭二さんは去年、長年勤めた会社を辞め、現在はアパートから自転車で新しい職場である食品工場に通っていた。

夜勤が終わった日は、恭二さんが「休憩所」と呼んでいる、ロビーに自動販売機が沢山置かれた建物によく寄り道をした。

元は大きなゲームセンターだった建物で、周りにはだだっ広い駐車場が広がっている。

自動販売機コーナーには酒やタバコは勿論、カップ麺やハンバーガーなどの自販機も揃っていた。

建物の奥には、管理人と思しき顔色の悪い無愛想な老人がいつも新聞を読んでいた。

二十四時間営業で喫煙OK、テーブルでの仮眠もOK、テレビも置いてあるので夜勤帰りの恭二さんが休みながらヒマを潰すのに、うってつけの場所だった。

ある日の早朝、夜勤を終えた恭二さんはいつものように休憩所に寄った。

休憩所は便利だったが、トイレが建物から少し離れた所にあるのが欠点だった。

「先に用を足していくか」

自転車を降りた恭二さんはトイレに向かった。

するとトイレの横にいつもは見かけない車が停めてある。

青色の古臭い車だった。

恭二さんが後部座席に目をやると、中に誰かがいる。
六、七歳くらいの少女が車内から拳で窓ガラスを必死に叩いていた。
恭二さんと目が合うと、少女はより一層強く拳をガラスに叩きつけた。

少女の後ろには更に幼い男の子が、朦朧とした表情で座っている。

子供達の状況はよく分からないが、救助を求めているのは確かだった。

「何があった、車の中から出られないのか？　親は何処に？」

恭二さんは車まで走っていくと、後部ドアを開けようとした。だが、ドアはびくともしない。

恭二さんは身振りで、少女に車内のロックを外すように指示したが、少女は狂ったように拳を窓ガラスに叩き続けるだけで一向に埒が明かない。

更に恭二さんはもう一つ、異様なことに気が付いた。

車のタイヤは全てなかった。

「この子達は一体……」

色々と不可解な疑問が恭二さんの頭に浮かんだが、子供達の命を救うのが優先だと思い、助けを呼ぶために休憩所に向かった。

建物内には他に客はおらず、管理人だけが奥の椅子でいつもの様に新聞を読んでいた。

「すみません、トイレの横の車に子供達が閉じ込められているみたいなんです。警察か、消防を呼んでもらえますか？」

恭二さんが息を切らせて言うと、新聞を置いた管理人は少し驚いたように彼を見た。

しかしすぐに、「無駄だよ」と冷たく言い放った。

恭二さんは管理人の言った言葉の意味が分からず、「何だって、どういうことだ⁉　命が危ないかもしれないんだぞ」と語気を荒らげて詰め寄った。

しかし、管理人は動じず冷静に話し始めた。

「あの車の中の子供達は救えない。警察にも消防にも、勿論俺達にも」

管理人は気怠そうに立ち上がると、恭二さんに付いてくるように手招きをした。

恭二さんは子供達の安否が心配で気が気でなかったが、管理人に付いていった。

そして二人でトイレまで行くと、恭二さんは声を上げて驚いた。

子供達の乗った車は跡形もなく消えていた。

「車のタイヤはなかっただろう?」

何が起こったのか理解できない恭二さんに、管理人は皮肉じみた表情で言った。

「たまにこのトイレの横に現れるんだ、子供達を乗せたあの青い車。俺も何度も助けようとしたけど無駄だったよ。最初の何度かは警察を呼んだこともあったが、その度にすぐに消えてしまうからもう諦めた。俺はここに勤めて五年以上になるが、あの子達はずっと車の中に閉じ込められたままさ」

恭二さんは車のあったトイレの横を見つめたまま、黙ってしまった。

「あんたもこれからまた、あの車を見るかもしれない。でも無視するんだね、俺達にはどうにもならないんだ」

管理人は大きな欠伸をしながら、去り際にそう言った。

その日以来、恭二さんは休憩所に行くのを止めたという。

クローゼット

笠間兄弟は都内の私鉄沿線駅前で不動産業を営んでいる。近隣の大学に通う学生達の下宿から独居老人の住まいの世話まで、地元密着の堅実な仕事ぶりには定評がある。

「なあ、いい部屋ないかな」

弟の雄二さんの友人である天木さんが、部下を連れて店を訪れた。

「こいつ、今の部屋は会社から遠いからさ。この近所でいい部屋があればそっちに移りたいんだと」

天木さんに促され、男は「福山です」と頭を下げた。

「できれば新しい部屋がいいです。駅から近いとありがたい。それと僕は一人暮らしなので、それほど広くなくても構いません。前の部屋が狭かったので大きな家具はないんですが、服があるのでクローゼットが広いと助かります」

仲介業としては、要望がはっきりしている客はありがたい。何処でもいい、どんなところでも構わない、何でもいいから適当な部屋、という曖昧なオーダーが一番困る。

そういう手合いは何軒内見しても「思ってたのと違う」とごねたり、暮らし始めてから「期待していたのと違う」とクレームを入れてきたりすることがある。

その点、福山の要望は非常に明確だった。

雄二さんはなるほどと頷いて、地図を指し示しながら幾つかの物件を並べた。

「そういう条件でしたら、オススメはこれ。それから、これとこれ、あとこれ」

1DK、1K、ワンルーム、それと少し広いファミリー物件。いずれも築浅物件や新築物件である。駅から近いのは神社の先にある新築の1DKだ。

「ここは、うちの店の扱い物件ではないので仲介になりますが、御要望の条件に一番近いんじゃないかと思います。収納はウォークイン・クローゼットがあるので、十分足りるでしょう」

内見してみたところ福山も気に入ったようで、「ここに決めます」と即決した。


それから暫くして、天木さんから笠間兄弟の店に連絡があった。

『先日は福山の物件紹介をありがとう。世話になった』

「何だい改まって」

『……福山が死んだので、葬儀の連絡をしようと思って……』

寝耳に水だった。

確かに笠間兄弟の店で直接の取り扱いがあった物件ではないが、無事転居を終えたこと、住み心地に満足していた様子などは、天木さんを通じて聞き及んでいた。

「それで福山さんは病気か、怪我か何かで?」

『それが……自殺なんだ。紹介してもらった部屋の中で』

天木さんによれば、このところ少し様子がおかしかったのだという。引っ越してくる以前からどうだったのかは分からない。

元々、福山は天木さんの直属子飼いの部下で、可愛がって育ててきた信頼の置ける男であった。仕事を教え、得意先にも連れ回し、正に手塩に掛けてきた。

福山に関してはそろそろ独り立ちを任せてもいいくらいだと安心していたので、最近の天木さんは新しく入った年若の新人の育成に時間を割いていた。そのことで、福山の異変に気付くのが遅れたのだ。

『無断欠勤って奴だよ。黙って会社に出てこないなんて初めてだったから、心配して様子を見にいったんだ』

天木さんはマンションの管理会社の社員を伴って、福山の部屋を訪ねた。

声を掛けても返答がない。微かな異臭も感じる。

玄関のドアを開けて室内に入る。廊下の先にあるダイニングには人影はない。

奥の居室にも誰もいない。

「福山？」

名を呼びながら、居室の脇にあったウォークイン・クローゼットの扉に手を掛ける。

扉を開くと、そこから福山が飛び出してきた。

『ウォークイン・クローゼットの中って服を掛けるパイプがあるだろ。そこに縄を掛けて首を吊ってたんだ』

衣装用のパイプなど、そう高い場所にあるものでもない。縄など掛けても足は届く。

『中腰になってな。膝が着くか着かないかっていう低さでも、首って括れるんだな……』

遺書と呼べるようなものはなかったが、自殺の原因を仄めかす書き付けはあった。

クローゼット内部の壁に、びっしり殴り書きされた罵詈雑言《ばりぞうごん》を遺書と呼んでよいのなら。

それらは、福山の同僚――天木さんが新たに育て始めた新人社員に宛てられたものだ。

一言で言い表すなら、妬み。男の嫉妬、とでも言おうか。

自分に向けられてきた天木さんの関心が、新人に移ってしまったことについて、ただただその新人を妬み恨む言葉が書き連ねてあった。それが自殺に及ぶほど重要なことであったとはおよそ思えないが、他人には与《あずか》り知らぬことなのだろう。

『折角の新築で、いい部屋だったのに……ミソ付けることになってすまん』

　不動産における瑕疵《かし》物件・居住希望者に告知を要する条件は、該当物件の敷地内での水害、火災、変死（事故、孤独死、自殺など）、及び近隣に暴力団、宗教施設、その他、問題行動のある人物の居住などがある場合が当てはまる。今回の場合は自殺である。

　当然ながら次の入居者には一言告知しなければならない。だが、あのマンションは立地や条件そのものは悪くない。件のウォークイン・クローゼット以外は綺麗に使われていたようなので、清掃・リフォームにもさほど掛からないだろうし、修繕が終わればまたすぐに貸し出されるだろう。

　ならば、早めにリフォームが終わる頃合いを確認しておいたほうが良かろうと、件の部屋の扱い店に連絡を入れたところ、意外な回答が返ってきた。

「あの部屋は入居中ですので」

　福山はあの部屋に一人で入居していたはずで、同居人はいない。

　リフォームもせずに新しい住人を入れるということは流石にないだろう。ということは、まだ解約が済んでいないか、リフォームが終わるまでは募集しないつもりなのだな、と合点した。

ところが、日を空けて再び問い合わせてみても、やはり「入居中です」と言う。

部屋の解約も荷物の整理もとうに済んでいると天木さんからも聞いている。その後、何度問い合わせても同じことしか言わないので、流石に何かあるのでは、と気になった。

「本当のことを教えてくださいよ。前の住人がウォークイン・クローゼットの中で首を吊っていたことも、クローゼットの中に遺言が書いてあったことも、第一発見者の天木さんから直接聞いています。元々うちから御紹介した人ですし、自分も関係者ですので事情は分かってますから」

雄二さんがそう問い詰めると、扱い店は渋々折れた。

「そこまで御存知なら……まあ、鍵をお渡ししますので、一度内見されるといいですよ。そうすれば御理解頂けると思うので」

元の家賃は十万円ほどだったはずだが、福山の自殺もあって七〜八万円ほどに値引きされることになるだろう、とのことだった。

安くなるだろうと思ってはいたが、予想以上に安い。

「そんなに安いなら、俺が自分で住むために借りたいな」

「え。止めとけって、そんな自殺があった部屋なんか」

笠間兄弟の兄、明生さんが眉を顰《ひそ》めた。同じ兄弟でも雄二さんはあまりそういうことを気にしないほうで、明生さんは何かと気になるほう。

ともあれ、雄二さんが住む住まないはともかく、今後お客さんを案内することはあるかもしれないということで、ひとまず内見はしてみることになった。

福山を案内したときに一度は足を運んでいる物件だ。笠間兄弟は、住所も立地も内部構造も知っている。

1DKの細長い物件。北側に玄関があり、風呂トイレ、ダイニング、居室が並ぶ。件のクローゼットだけは玄関から見えないが、玄関から伸びた廊下を通じてベランダまで全て見渡せる構造だ。

扱い店から借りた鍵で玄関ドアを開けたとき、一番奥の部屋に見慣れないものがあった。

櫓《やぐら》。或いは、木製のリングのように見えた。

コーナーポストは白木の角材を柱のように立てたもの。四隅に並ぶ角材の上には蝋燭《ろうそく》が煌々《こうこう》と燃えている。

四つの柱の間には藁しべで作られた細い紐のようなものが渡され、そこには神社などで見かける紙垂《しだ》が垂れている。

仕事柄、変事のあった部屋に御札を貼っておくなどしたものは見たことがある。だが、こんなものは見たことがない。

見たこともない風景だが、よく知っている何かにも似ている気もする。

強いて言えば、地鎮祭だ。更地に新しい上物を建てるときにする、土地神に挨拶をして工事の無事を祈るあの儀式と、何処か似ている。

だが少なくとも完成した家の、しかも一棟の中の一室でするようなものではない。

あの居室にあるウォークイン・クローゼット、恨み言が殴り書きされたそこで、福山は死んでいたのだと天木さんからは聞いている。そこはどうなっているのか。

一歩、部屋に上がろうとした雄二さんの袖を、明生さんが引いた。

「……ここは、止めとけって」

明生さんの言によれば、〈廊下が歪んでいた〉のだという。

黒いもやもやしたものが空中で回転していて、それが廊下や室内を巻き込みながらねじ曲げていた、と。

一番近いものは〈ウルトラQのオープニング〉であった。水に溶かした絵の具を回転させてマーブル模様を作るような、そんな具合に目前の光景が捻れていく様子を目にして、明生さんは弟を引き留めた。

雄二さんには分からなかったが、明生さんは弟の袖を掴んで離さなかった。

扱い店によると、実はずっとお祓いを続けている、ということだった。

福山の家族が彼の部屋を片付け退居した後から、一カ月以上にも亘って延々と。

「同じ棟の他の部屋は別に何もありませんし、建物や土地に以前から何かあったという話も聞いていません。そもそも新築でしたし……まあ、そういうのは築年数とかあまり関係ないっていうことみたいです」

後日、その部屋は再び貸し出された。

今の住人は割と長く住んでいる。

家賃格差

井川さんが、友人の伊藤から聞いた話である。

伊藤が新居に選んだマンションは事故物件であった。

外見も内装も美しく、設備も整っている。立地条件も文句の付けようがない。それでいて破格値の家賃だ。

理由を確認する伊藤に、不動産屋はあっさり
「事故物件だから安い。それでも構わないか」

と言ったらしい。

伊藤は笑顔で「勿論」と答えたそうだ。

そう答えたにも拘わらず、初日から後悔する羽目に陥った。

梅雨明け直後の蒸し暑い夜であった。

部屋の温度が急激に下がるとともに、男が現れたのである。

最初に見たときは、泥棒かと思ったそうだ。黒い服を着た男は異様に痩せている。

痩せているというか、薄っぺらい。

薄っぺらい男は、何をするでもなく壁のシミのように立っていたが、目を離した僅かの間に消えたという。

怖いことは怖いが、これぐらいなら無理すれば我慢できる。

何より、こんな奴に負けて引っ越しするのは悔しい。

そうやって自分を奮い立たせた伊藤は、その部屋で暮らし始めた。

不幸中の幸いと言っては何だが、それから後も男は現れては消えるだけであった。

ただ、このまま放置しておいていいものか不安は残る。

とりあえず、第三者の目にどう映るか訊いてみたい。

「という訳でさ。お前、良かったら泊まりに来ないか」

物好きな井川さんは二つ返事で快諾した。ついでだから、誰か誘って飲みながら待とうと決まった。

当日現れたのは、二人の共通の友人である西田である。心霊スポット巡りを趣味にしている男であった。

西田は開口一番、嬉しそうにこう言った。

「俺、その事故物件知ってる。一度入ってみたかったんだ」

西田は以前、仲間とともに侵入を試みたそうである。そのときは空き部屋だったそうだ。

廃屋でも何でもない一般のマンションであり、他の入居者もいる。そもそもドアが施錠されている。見つかれば不法侵入の罪に問われる。諦めて帰ったのが半年前のことだという。


三人は途中で酒と肴《さかな》を買い求め、八時過ぎにマンションに着いた。

西田は嬉々として先頭に立ち、階段を上っていく。

三階に向かおうとする西田を伊藤が止めた。

「こっちだよ。部屋も分かんないのに先に行くなってば」

立ち止まり、振り返った西田は怪訝そうな顔をしている。

「え、だって三一四号室だろ」

「いや、二〇五だけど」

話が食い違ってしまった。

西田は三一四と主張している。右隣に瀬田という表札が掛けてあったのを覚えていると言い張る。

自分の故郷と同じ名だから印象に残ったらしい。

三人で確認に行く。確かに隣室の表札は瀬田と書いてあった。

三一四号室は未だに空き部屋のままだ。
疑問は残るが、とにかく伊藤の部屋に行き、買ってきたビールを空けた。
結果として、その夜は何も起こらなかった。
不完全燃焼もいいところだが、こればかりは如何ともし難く、解散となった。

丁度一週間後、驚いたことに西田が引っ越しを決めた。
それも、三一四号室にだ。
不動産屋は、ふて腐れたようにこう言ったそうだ。
「事故物件だけど構わないか。その代わり、安くしておく」
元より西田は定住する気はない。
資産家の子息だからこそできる馬鹿げた遊びのつもりだ。
幸いと言っては何だが、伊藤の二〇五号室よりも更に安かったらしい。
引っ越し当日。井川さんと伊藤は、一緒に夜を明かそうかと西田に提案した。
「まずは独りで過ごしてみる」
嬉しそうに言い残し、西田は自室に向かった。
帰りそびれた井川さんは、伊藤の部屋で時間を潰していたという。

真夜中を過ぎた頃、西田の部屋から大きな笑い声が聞こえてきた。

笑い声はヒステリックに音程を上げていき、悲鳴に変わった。

驚いた二人が三一四号室に向かった。

井川さんは西田の部屋のドアを叩き、呼びかけた。

「西田。どうした西田、ドアを開けろ」

これほどの騒音にも拘わらず、他の部屋の住人達は一人も出てくる気配すらない。

数分後、漸《ようや》くドアが開いた。

西田は目を見開き、涎を垂らしたまま現れた。

そしてそのまま前のめりに昏倒したという。

救急車が到着し、西田を乗せて出発しても、マンションの住民達は完全に無視を決め込んでいた。

この件があって、流石に伊藤は引っ越しを決めた。

今のところ、自らが住む二〇五号室は男が立っているだけだが、いつどうなるか知れたものではないからだ。

引っ越しを数日後に控えた朝、伊藤は自室のドアを開けようとして、あることに気付いた。ドアには二〇五と表示されたプレートが貼り付けてあるのだが、その右端に小さな赤丸が記されてあるのだ。油性のペンで描かれたらしく、指で擦っても取れない。

伊藤は、ふと思い立ち、三一四号室に向かった。恐る恐るドアの前に立ち、プレートを調べてみる。

三一四号室のプレートの右端にも赤丸が記されてあった。

伊藤は厭な予感に襲われながら、マンション中を調べて回った。

その結果、プレートに赤丸が記されてあったのは、二〇五、三一四、四一六、五〇二の四室。

その中でも四一六号室だけは、二重丸が記されてあったという。

マンションは今でもある。

長い間、昏睡状態だった西田は無事に回復した。無職となった現在は、毎日のようにマンションの近くの公園に行き、夜遅くまで過ごしている。

その西田の報告によると、二〇五、三一四、五〇二は時折、契約が決まるようで、灯りが点ることがあるらしい。

それでも長くて十日間、早ければ翌日には出ていくそうだ。

四一六号室は一度だけ入居が決まったのだが、その日の夜に住人がバルコニーから身を投げたという。

受け継ぐ

「実家は曾祖父、弥太郎の代には裕福だったと聞いています」

しかし宮本さんが物心付いたときには、そんな欠片も見受けられなかった。むしろ近所の家と比べると、寂れた家で生活をしていた。

「曾祖父は船を使った商売をしてまして、豪邸と広い敷地、使用人まで雇っていたと聞きます」

宮本家が傾き始めた元凶は、商いの元となる魚が不漁に見舞われたことと、坊ちゃんとして可愛がられた祖父の喜一が、生涯一度も職に就かなかったことに尽きる。

使用人を解雇し、土地を売り、商いの要である船も売った。

曾祖父も亡くなり、僅かに残された財産を食い潰す生活をしている頃、喜一の息子、宮本さんの父である善治が尋常小学校を卒業した。

「父は四人兄妹で唯一の男だったので……」

家族の生活を守るべく、土木工事の出稼ぎに行った。

ガキ大将だった善治は、腕力には自信があった。

それでも、現場で揉まれている大人達に混じると、霞んでしまうのが現実である。

しばらくは生来の負けん気だけで、必死に付いていこうとする日々が続いた。

そして三カ月も過ぎた頃、漸く仲間として認めてもらえるようになった。

「成人した父は色んな建設会社を渡り歩いていました。道路工事を始め、ゴルフ場の建設にも関わっていたようですが……」

年に二度ほど帰省した善治からの話を聞くと、トンネルの工事が多かったように記憶している。

発破工事の資格を有していた善治は、彼方此方《あちこち》の現場から声が掛かっていたようだ。


ある年のお盆に帰省した善治は、中学生の宮本さんに古銭を手渡した。

「どうしたの、これ？」

「あー、現場から山ほど出てなぁ。価値があるかどうかは知らんが、お前にやる。あれなら、学校が始まったら先生にでも聞いてみろ」

「沢山出たのに、一枚だけなの？」

「監督がうるさくてな。古墳か何かだったら、工事がストップしてえらい損害になるから、全部埋め戻せってな。で、こっそりポケットに入れたのよ」

「どうせなら、何枚か持ってくれれば良かったのに……」

「あー、それもそうかー。バレないように、ってばかり考えていたからなぁ」

善治は頭を掻きながら豪快に笑った。

渡された古銭をまじまじと見る。

全体的に青緑色ながら、細かい変色が確認できた。

四文字くらいの凹凸が古銭の上下左右に形を刻んでいる。

しかし、腐食なのか擦り減ったものなのか、曖昧な凹凸からは肝心な文字を読み取ることができない。


夏休みが終わり、登校した宮本さんは職員室を訪れた。

社会の教科担任に古銭を見せ、回答を仰ぐ。

「うーん、これはなぁ……」

資料のような本を取り出し、照らし合わせるが頭を抱えている。

「宮本、これ預かってもいいか？」

教科担任は古銭を持ち帰り、家にある資料で確認してみたいと提案してきた。

形状から、古銭である可能性が高い。

ただ、日本の古銭は、紐に通して持ち歩いていたため、中央に穴が開いているのが基本となる。

これにはその穴が見当たらなかった。

「その先生なんですが、翌日から出勤してこなくなりまして……」

クラス担任は、家庭の事情で教師を辞められたのだ、と生徒に説明した。

しかし、ひと月も経たずに噂は地域に広まった。

あの日、教科担任は出勤してこなかった。

学校から電話連絡を取るも、応答がない。

一時限の授業を受け持たない教師が確認のため、教員住宅を訪れた。

呼び鈴には反応がない。

ドアノブを握ると、ガチャリとドアが開いた。

「先生、前田先生、どうしたんですか？　ちょっと上がりますよ」

実直な勤務態度から、無断欠勤など考えられない。

その身に何かがあったのでは、と疑っての行動だった。

居間には姿が見えない。

寝室となる和室を開けるが、やはり姿は見えなかった。

(後はトイレと風呂と……)

和室を出ようとした瞬間、背後から幽かな声が聞こえた。

『……ッ……ト……カテ……』

耳を澄ませながら、押し入れに近付く。

息を呑み、一気に襖を開ける。

――押し入れの下の段で体育座りをしている前田先生がいた。

両手で小さな何かを掴みながら、ブツブツと呟き続けていた。

「前田先生！　大丈夫ですか？　先生!!」

結局、呼びかけに反応を示さないことから、救急車を手配したそうだ。

クラス担任の説明は、生徒に配慮するという学校側の決定だったらしい。

「噂は多分、本当だったんだと思います。その話を聞いて、一週間もしない頃の話ですが……」

宮本さんは二十二時に就寝した。

恐らく、三十分も経たないうちに、あまりの具合の悪さに目を覚ます。

「揺れを感じたというか……。眩暈《めまい》が酷い感じで、重度の船酔いに近い感じですかねぇ」

その場で吐き戻しそうになった瞬間、すーっと意識が遠のいた。

——真っ暗な空間で目が覚めた。自室ではないことは、闇の濃さが物語っていた。

起き上がろうとすると、身体の彼方此方が硬いものに当たる。

狭い空間に閉じ込められているようで、寝返りのように体勢を立て直すのも上手くいかない。

状況が掴めない恐怖は、宮本さんの喉を奮わせた。

「誰か!!　助けて!!　誰か!!」

それまでに出したことのないほどの声量は、狭い空間の中、自身の耳を痛くさせた。

十分程も声を出し続けていただろうか。

「おい、何処だ？　誰だ？」

男性の声が聞こえた。

今だ、とばかりに喉に筋を浮かばせ、全力で叫ぶ。

「お前、ここで何やってんだ？　つーか、どうやって入った？」

——呆気なく、密室からは解放された。

「隣の家のカローラのトランクにいたんですよ。意味が分かります？」

隣人が朝刊を取りに玄関先のポストへ向かうと、何やら声がしていた。

声を辿るも、人の姿は見えない。

まさか、と思いながら、トランクルームを開けると、必死の形相の宮本さんの姿があったという。

「結局、状況の説明ができないから、寝惚けて入り込んだんだろうということで話は落ち着きました。でもね……」

暗闇に閉じ込められていたときに、右手に〈何か〉を握っていた感覚が残っていたという。

必死にもがいている間にトランク内に落としたのか、その記憶は定かではない。

外に出たとき、いや冷静になれたときにはもう、その〈何か〉を確認することができなかった。

「その日からですね、毎夜、同じ夢を見るようになりました」

——材木を組んで作られた質素な檻。

その中に、色褪せた藍色の着物の少女がいる。

おかっぱ髪は若干伸び、歪《いびつ》になった前髪の奥からこちらを窺う目が見える。

少女には似つかわしくない、悲しみの中に怒りと恐れを含んだ瞳とでもいうのだろうか。

こちらを捉えて離さない視線から、目を離すことができないでいる。

その直後、∞を描くように、視界が大きく揺れた――。

「いつもそのタイミングで目が覚めるんです」

恐らく年齢は十歳前後と思われる。

口は堅く一文字に閉じ、何も言葉は発さない。

両手は胸の辺りで重ねるように握っている。

確証はないのだが、何か大事な物を握り締めているような気がしていた。


「夢は見続けてはいたんですが、トランクに閉じ込められるような異常事態はそれ以降は起きないまま半年くらいが過ぎました」

夕食時、テレビでお金持ちの自宅訪問が流れていた。

母親が何の気もなしに、「うちも昔は裕福だったんだってよー」と話を切り出した。

「ああ、魚を取って商売してたんだよね？」

「それだけじゃないわよ。今で言う貿易？　みたいなこともしてたんだって。船でずーっと旅をして、内地で取れた物をこっちで売ったり、こっちの物を内地に売ったりで凄い儲けてたんだって」

「へぇー」

「全部、死んじゃったお爺ちゃんが使い切ったけどね。働かないで、道楽ばかりでお金を使いまくってたらしいから」

「爺ちゃんが働いてたら、うちもまだ金持ちだったかな？」

「うーん、それは分かんないよね、お爺ちゃんに商売の才能があったかどうかも分かんないし、船が沈んだときには、莫大な損害が出たりしてたらしいからね」

母親のその台詞を聞いた直後に、猛烈な寒気が身体を襲う。

ガタガタと震えが止まらず、奥歯を噛み合わせるカチカチという音が自分でも分かった。

「あんた、どうしたの？　熱でもあるの？」

母親が用意した体温計で熱を測ると、三十九度八分を示していた。

「やだもう、早く布団に入って寝なさい。明日も熱があったら病院だからね」

言われるがままに布団で横になるが、寒気は収まらない。

身体の芯……骨まで凍りついているような感覚に襲われる。

（ああ、これはダメかも……）

宮本さんはそのまま意識を失った。

――そこで、夢を見た。

これまでとは内容が違っている。

無声映画のようで、言葉は一切聞き取れない。

ただ、あの少女が檻の柵を握り締め、こちらに向かって声を荒らげているようだ。

不思議な感覚だが、宮本さんの意識は〈何が起きて、こんなに感情的になっているのだろう?〉と冷静に思う一方、夢の中のもう一つの意識は、〈この野郎! 役立たずがぁ!〉と怒りを覚えている。

その瞬間、左側に大きく視界が揺れ、目が回るように映像が展開した。

恐らく、倒れて転がったのだろう。

顔を上げると、右壁面中央に檻が浮いている。

いや、固定されているのだろう。

あの少女が檻の中で倒れていた。

(助けなきゃ!)

そう思う間もなく、足元に水がどんどん嵩を増していくのが見える。

夢の世界が船の中だと理解すると、もう一つの意識が〈畜生が! 死ねや、役立たずの貧乏神がッ!〉と激昂していく。

それと相反するように、夢からすぅっと覚めていった。

気が付いたら朝だった。

あれほどあった高熱は綺麗に引いていた。

しかし、どうしようもないやるせなさが残り、身体は重いままだった。

夢であるが、ただの夢ではないことが分かる。

宮本さんの中で、一つの答えが出ていた。

「おはよう」

居間に行き、母親に挨拶する。

「あら、熱は下がった？　ちょっとダルそうだけど、学校は休む？」

「あのさぁ、話があるんだけど……」

宮本さんは、曾祖父の船に少女が乗り合わせていなかったかとストレートに訊ねた。

当然の如く、母親の回答は分からないというものであった。

「どうしたの？　変なことを言い出して」

これまでの流れを説明しようか逡巡した。

しかし、理解されるはずもないし、まだ熱に魘《うな》されていると思われるのがオチだろう。

その日は、まだ具合が悪いということで学校を休んだ。

自室に戻り、見た夢のことを思い出す。

――あのもう一つの感情は、曾祖父のものであろう。

何の根拠もないが、確信めいたものがあった。

そして、不安と焦燥が入り混じった感情が、心の中で湧き起こっていた。

「その気持ちはずーっと持ち続けていました」


それからも夢は見続けた。二種類の夢を交互にだが――。

そして、半年も経たずに、次の盆を迎える。

善治が帰省してきた。

父親からは毎月一度、飯場《ハンバ》近くの公衆電話から連絡があった。

曾祖父のことを何度か訊こうとも思ったが、電話で事を済ませてはいけないという思いと、〈何かの口火〉になりそうな気がしてこのタイミングを待っていた。

夕食が終わり、晩酌でほろ酔い気分の善治に曾祖父のことを訊ねる。

「あー、良い孫爺《マゴジジ》というか、偉い孫爺だったわなー。この集落の色んなことを纏めてたんだわ」

曾祖父は儲けたお金で、治水工事まで行っていたらしい。

自身の商売には関係のない田畑の地主からも感謝され、正に地元の名士だったという。

「仏間にその賞状もあったろ。それくらい偉い孫爺だったんだ」

「じゃあ、船に女の子を乗せてたりした？」

「うーん、それは分からんが、雇っている人以外を運んだりしたことはあるって聞いたような……。ついでだから、旅行の家族を乗せたりしてたかもな」

「じゃあさ、この近所でその頃にいなくなった女の子はいる？　船が沈んだこともあるらしいけど、何回くらい沈んだ？」

「おいおい、どうしたって……」

善治の話によると、最低、二回は船が沈んだという。

少女限定ではないが、いなくなった子供はそれなりにいるらしい。

ただ時代柄、神隠しやら羆《ひぐま》に襲われたんだろう、ということで話は終わっていた。

「孫爺のことをそんなに知りたがるとはなぁ。そういえば、色んな図面があったような……」

善治はそう言いながら仏間へ行き、地袋を開けて何かを探し始めた。

「あったあった、これだ」

取り出されたのは二十センチ角程の古びた木箱。

徐に上蓋を外した善治の顔が曇る。

「母さん、おい母さん！」

母親を呼び出し、中身をどうしたと訊ねる。

「あー、その中はお爺ちゃんが整理してたじゃない。箪笥《たんす》の中とかも片付けてたって、前に言ったでしょ？」

「はぁ!?」

喜一は亡くなるひと月程前に、突然彼方此方の整理をしていたという。

小さな裏庭で、何かの書類なども燃やしていたそうだ。

父親と母親が〈言った、聞いてない〉と喧嘩を始める中、宮本さんの頭は驚くほど冷静になっていった。

(何かの手掛かりになりそうなものは残されていないようだ)

そして、生前家のことなど何一つしなかった祖父が、遺品整理みたいなことをしていたことに驚きと疑問を覚える。

(整理というよりは、何かを隠そうとしていたとしか思えない……)

好き勝手に生きていたイメージしか残っていない喜一。

宮本さんの中では、家や家族のために処分したのではなく、自身のため、又は弥太郎のために行ったのだろうという結論が付いていた。

夫婦喧嘩が続く中、宮本さんは自室に戻り頭を整理する。

――何かをしないと、一生夢に囚われ続けるのだろう。

いや、夢だけで終われば良いが、トランク事件のようなことが起きたら……。

更に酷い状況だって考えられる。

でも、手掛かりになりそうな物は、爺ちゃんが処分したようだ。

何とかしなきゃ。手掛かり、手掛かり……。


そこで古銭のことを思い出した。

階下に降り、父親に詰め寄る。

「あの、前に貰った古銭あるでしょ！　あれって、何処で見つけたの？　何県？　やっぱトンネル？　海とか船とか近くにあったりする？」

「んあぁあ？」

喧嘩で機嫌を損ねた善治は既に泥酔していた。

面倒臭そうに大きな欠伸を一つする。

「明日だ、明日！　そういうのは明日！」

喰い下がろうとすると、善治の目付きが鋭く変わった。

「ごめん……」

ポツリと言い残し、慌てて自室へ逃げ帰る。

豪快で、宮本さんに対しては怒ったことなど一度もない善治。

初めての怒りに触れてしまった、と思うがどうにも気持ちが落ち着かない。

あの目付きは記憶にある。そう、〈あの少女の目〉だ。

夢で覚えた罪悪感が膨れ上がり、父に対し……いや、少女に許しを請う方法を考え続けている間に、眩しい光が部屋の中に差し込んできていた。

心も身体もすっきりとしない朝。

時間が経っていることから父親の機嫌は直っているかもしれない。

もしくは酒が残り、不機嫌なままかもしれない。

様子を窺いに静かに階下に降り、夫婦の寝室をそっと開ける。

「んっ？　おはよう、早いのね」

気配を察した母親が目を覚ました。

「あ、あれ？　父さんは？」

「知らない！　寝に来てないってことは、居間でそのまま寝てるんじゃないの⁉」

どうやら母親の機嫌はまだ直っていないようだ。

今度はそっと居間を覗くが父親の姿は見えない。

家中を探すが、とうとう父親の姿は見つからなかった。


「結局、見つかったのは二日後のことでした」

いい大人であることから、真剣な捜索はされなかったという。

それが最悪の結果へと繋がった。

たまたま農家の人が田へ繋がる畦道の水量が少ないことに気付いた。

近くの農業水路自体の水量も減っている。

上流でゴミか何かが詰まっているのだろう、と辿っていくと、一部トンネル式になっているところへ行き着いた。

そこは両出口に鉄の扉が付いている。

通常は開いている扉が、何故か閉じられていた。

これが原因か、と開けると、息絶えた善治の姿があった。

「ある程度溜まった水に浸かり、完全に冷え切っていたそうです。周囲の大人が、心臓麻痺みたいなことを言ってた記憶があります」

奇しくも、弥太郎が手掛けた治水事業の最後のほうの遺産であった。

トンネルの上流部分の一部を堰《せ》き止めることで、洞窟と化す。

戦時中は扉を閉められる構造から、簡素な防空壕としても使われていたらしい。

「両手を合わせて死んでたんですよ……。例の古銭を大事そうに握り締めて……」

善治が何処から古銭を持ち出したのかは分からない。

ただ恐怖を覚えた宮本さんは母親を説得し、宝物だったのだろう、ということにして遺体とともに灰にした。


「あれから三十年は経ちますかねぇ」

夢は未だに見続けているという。

その間、海で溺れたのが一回、トンネルで二回事故にあった。

溺れたときは急に全身から力が抜け、意識のあるまま海面が遠ざかっていくのを見ていたという。

トンネルでの事故は、二度とも対向車が突然方向を変えてきた。

ヘッドライトの灯りが眩しく、咄嗟《とっさ》に閉じた瞼の裏に光の円が浮かんでいたことを覚えている。

どちらの災難も、近くに居合わせた人が迅速に救助し、通報してくれたお陰で命拾いをしていた。

現在の宮本さんは都心部で事務仕事をしている。

当然ながら、水場にもトンネルにも近付くことはしない。

命を守るために、この職に変えたのだという。

「あなただから話したんですよ。ここまで詳細にね……。家というか因縁って、繋がりがあるって言うじゃないですか」

そう話す宮本さんの口端が、笑みを浮かべたように見えた。

かくれんぼ

三好さんが小学校に上がる前の話になる。

お盆を過ぎた辺りの頃、彼女は近所の友達数人と一緒に、自宅の庭でかくれんぼをして遊んでいた。

三好家は果物農家を営んでいたため、庭と言っても畑と繋がっていて相当な広さがあり、子供数人が遊ぶには十分すぎるほどであった。

じゃんけんで負けた子が鬼役になって、目を瞑りながら数を数え始めた。

それを合図とばかりに、子供達は蜘蛛《くも》の子を散らすように、一斉に駆けていった。

三好さんはリンゴの樹木の間を縫うように走り回り、あっという間に畑の端っこまで辿り着いた。

他の子供達は木に登ったり、農具入れの中に隠れたりしている。

しかし、三好さんは木登りが上手くなかったし、農具入れには何人も隠れるほどのスペースはなかった。

目前に広がるアスファルトの道路を横目に見ながら、辺りに視線を巡らしてみる。

向かって右側には、今にも朽ちそうな布袋が放置してあった。その中に潜り込もうかと一瞬だけ考えたが、名も知らぬ蟲《むし》達の巣になっていそうで、早々に断念した。

左側に目をやると、そこには思いがけない物が転がっていた。

それはかなり大きなダンボール箱で、英語で何か書かれていたが、何の箱かはさっぱり分からない。

しかし、気に入ったのはその大きさであった。上手く座りさえすれば、自分自身をすっぽりと覆い隠してくれるに違いない。

このような所に捨ててあるにも拘わらず、新品同様で土の痕すら付着していない状態であった。

忍び足でダンボール箱に近付いて、彼は開口部へと静かに顔を寄せる。

そっと開けてみると、中身も新品同然で、真新しい紙の臭いが漂ってきた。

〈うん。ここしかない！〉

彼は注意深くダンボールの中に入り込むと、両足の膝を立てて踵《かかと》を揃え、両膝を両腕で抱え込んだ。所謂、体育座りの体勢である。

少々窮屈ではあったが、外から見てダンボールが膨れているほどではないだろう。

自分の状態に納得がいったらしく、彼は両腕を器用に使って、頭上の開口部を中から閉めた。

その瞬間。

今まで厭と言う程感じていた陽光の存在が、すっかりと消えてしまった。

突然訪れた、闇。正に、泳ぐような闇の世界。

〈すげえっ！　この箱、すげえよっ！〉

しかも不思議なことに、さっきまで聞こえていた蝉《せみ》の声や時折行き交う車の音すらも聞こえなくなっていた。

〈ここなら、大丈夫。絶対に見つからない〉

そう思ってはみたものの、あまりの暗さと静けさに、次第に不安感が募ってきた。

〈もう、みんな見つかっちゃったかなあ。まだかなあ。もう出たほうがいいのかなあ〉

そんなことを考えながら身動ぎすると、肘の先端が空を切った。

身体中が一気に冷えていき、粟立った皮膚がチクチクと痛み出す。

〈うそ！　えええっ、うそっ！〉

確認のため、両膝を抱えている肘を更に動かしてみるが、感触は一切ない。

〈うそっ！　うそっ！〉

三好さんは慌てふためきながら、箱から抜け出そうとしてその場で立ち上がった。

だが、何も見えない。

幾度となく辺りを見回しても、何も分からない。恐怖感と不安感が、じわりじわりと心のうちを埋め尽くしていく。

混乱状態に陥って、大声を張り上げようとした。

そのとき、両方の足首にひんやりとした厭な感触が走った。

何かが足首に、ねっとりと纏わり付いている。

それはべちゃべちゃと湿っていて、ざらついてはいるが柔らかい肌触りであった。

相当に気持ち悪かったが、三好さんは我慢した。ここで大声を上げると、却って良くないことが起きてしまいそうで怖かった。

踝《くるぶし》の辺りがべたべたに濡れたかと思うと、今度は何者かに両足首をむんずと掴まれたような圧迫感に襲われた。

その力は次第に強さを増していき、すぐに強烈な痛みへと変わっていった。

キリキリと疼《うず》く足首に向かって視線をやるが、相も変わらずの暗闇の中で、何が起きているのか分からない。

そしてその痛みが全身へと満遍なく感染していった辺りで、三好さんはその場で泣き惑った。

自分でも煩いと感じるほど、見事なしゃくり泣きであった。

そのとき、涙と鼻水でべしょべしょになった顔面に、眩《まばゆ》い程の明かりが差し込んできた。

「いたっ！　おーい、ここさいたぞっ！」

聞き慣れた声が聞こえてくる。

真っ赤に充血した目を瞬《しばた》かせながら光を辿っていくと、その先にはがに股で立ち尽くす、大きな懐中電灯を持った父親の姿があった。

「いたぞっ！　おーい！　おーい！」

やがて数人の足音がどすどすと慌ただしく近付いてきて、一気に三好さんを取り囲んだ。

「ああああっ、えがった。えがった！」

涙声で詰まった母親の声が聞こえてくる。

容赦なく込みあがってくる嗚咽《おえつ》を落ち着かせながら、三好さんは弱々しい視線を辺りに向けた。

そこには真っ赤な顔をした両親と近所の大人達が、安堵の表情を浮かべながら並んでいる。

既に日はとっぷりと暮れており、コオロギの歌声の合間に、梟《ふくろう》の鳴き声が付近に響き渡っていた。

「長くても十分くらいだと思っていたんですけど……」

彼らがかくれんぼを始めたのはお昼過ぎで、三好さんがダンボール箱の中に隠れたのもほぼ同時刻であったと思われる。

しかし、鬼役はいつまで経っても三好さんの姿を見つけることができなかった。

やがて友達全員で彼を捜し始めたが、一向に見つからない。

かくれんぼに飽きてしまった三好さんが、何処か他のところへ遊びに行ったものと判断した彼らは、各々自宅へと帰っていった。

そして、夕刻の時間を迎えた頃。

なかなか帰ってこない息子を心配して、三好家は慌てて捜索を始めた。

取り急ぎ近所の人達にも応援を頼んで、息子が行きそうな所を徹底的に当たってみたが、全て空振りに終わった。

いつの間にか、時刻は夜の十二時を回っている。

もう警察に連絡するしかないと思って自宅に戻ってきたところ、庭のほうから不審な音が聞こえていることに父親が気が付いた。

ぐふぇ、ぐふぇ、ぐふぇ、ぐふぇ、ぐふぇ。

まるで中年男が下卑た笑い声を上げているような、この時間では到底考えられない物音であった。

三好さんの父親は、そっと耳を澄ませた。

確かに、リンゴ畑の奥のほうから奇妙な音が聞こえている。

あの辺りは散々探し回った後で、特に不審な点は見当たらなかったから、改めて探す必要はないのかもしれない。

しかし、万が一ということもある。

その不気味な笑い声がする方向へと向かって、三好さんの父親は再び駆けていった。

そして樹木の間を抜けた、道路の手前の辺りで、息子の姿を発見した。

彼は直立姿勢で目を瞑り、放心状態で立ち尽くしていたという。

三好さんが発見されたのは夜の十二時過ぎであったから、半日もの時間が彼の感覚で言うとほんの十分で過ぎ去ったことになってしまう。


翌朝、三好さんは遠く離れた市内の総合病院へと連れて行かれて、色々な検査をすることになった。

不幸中の幸いか、然したる異常は見当たらなかった。ただ一点を除いては。

彼の両足首には、紫色に変色した痣《あざ》がしっかりと残されていた。

それはまるで、小振りな掌で両方の足首を、しっかりと握られたかのようであった。

「ホントに、おかしな話なんですが……」

三好さんが隠れていたというダンボール箱だが、それを見た者は彼一人しかいない。かくれんぼをしていた子供達全員がそんなものはなかったと証言しているし、日中に畑仕事をしていた彼の祖父も口を揃えている。

勿論、父親が彼を発見した際も、そのようなものは何処にもなかった。

そしてあの下卑た笑い声。奇しくも彼を救うきっかけとなった、例の不気味な声の正体は、今もって不明である。

もしかして自分の悲鳴だったのかもしれない、と後になって三好さんは両親に言ったが、父親は笑いながら頭を振った。

「おめえ、声変わりもしてねえのに。あんな声は絶対に出せっこねえって！　しかも絶対に悲鳴なんかじゃねえよ。あれは確かに嗤い声だったよ」

渓流の一夜

祐輔さんの趣味は渓流釣りである。その夏、彼は恋人の芽衣さんを連れて一泊二日の釣り旅行に出かけた。芽衣さんは目がぱっちりしていて、色白の愛らしい顔立ちをした女性だが、川を渡るのも藪を漕ぐのも平気、という男勝りな面を持っている。二人は奥山に入り、渓流を遡りながら竿を出した。しかし、大物はなかなか針に掛からない。イワナやヤマメ、たまにカジカまで釣れたが、小物ばかりなので全て放してやった。

ひたすら上流へ向かううちに日が傾いてきたので、二人は川沿いのやや小高くなった場所にテントを張った。祐輔さんは釣りたての魚を串焼きにして食べるのを楽しみにしていたが、芽衣さんの手作り弁当で夕食を済ませた。焚き火を前にバーボンを少し飲む。二人とも酒には滅法強く、ほろ酔いになった程度だったが、明日も早朝から釣りをしたいので深酒はせず、早めにテントに入って眠ろうとした。そのとき芽衣さんが、

「ああ、びっくりしたわ！」

「うふふ。こんばんは」

などと、あらぬ方向に向かって独り言を言い出した。

祐輔さんは何事かと思ったが、二人の他には誰もいない。にも拘わらず、芽衣さんは楽しそうに喋り始めた。そちらには暗闇があるばかりだというのに——。

「おいおい、どうしたんだい？」

彼女の肩を叩いて話を中断させると、

「何言ってんの」

と、逆に呆れられた。

そして芽衣さんはまた一人で会話を始める。話の内容は〈泊まりで釣りに来た〉〈大きいのは釣れなかった〉〈あなたはこんな時間まで何をしていたのか？〉といったものだ。

「気持ち悪いな。変な冗談は止めてくれよ」

祐輔さんはまた話を中断させた。

芽衣さんは一度黙ったものの、再び暗闇のほうを向いた。

「あら、何処へ行くんですか？」

やがて少し離れた木の上から、枝葉が揺れる大きな物音が聞こえてきた。更に地上の下草や落ち葉がわななき、落ち枝が折れる音が続く。

何か大きな動物が木に登り、飛び降りてきたような物音であった。

「何かいる！」

祐輔さんは慌てて懐中電灯の光を向けた。

「熊か!?」

だが、木の周りには何もいない。芽衣さんが笑った。

「熊じゃないわ。人よ。人がいるのよ！」

その間も物音がやまずに聞こえてくるので祐輔さんは明かりを向けたが、やはり何もいない。しかし、ブナの大木の枝が激しく揺れているのが見えた。

やがてまた大きな音がして、地上に何かが落下したらしい。けれども、相手の姿は依然として見えなかった。

「アハハハハッ！　楽しそう！」

芽衣さんが笑う。いつもと違ってだらしない、下卑た笑い方であった。

「誰がいるんだ？　どんな奴がいるんだよっ？」

「えっ？　何言ってんの。あそこにいるじゃないの。変なこと言わないでよ」

それでも問い詰めると、芽衣さんはにたにた笑いながらこんな話をした。

その人物は年齢も性別もよく分からない。上下ともに紺のジャージを身に着けていて、未成年にも中年のようにも見える。髪が短くて一見すると男のようだが、背が低くて身体付きは華奢、のっぺりした小顔も女を思わせる。先程から〈ましら〉のように軽々と木に登っては、枝から飛び降りることを何度も繰り返しているという。

祐輔さんは気味が悪くなってきた。確かにブナの枝葉は揺れているし、地面の下草は倒され、落ち葉や落ち枝が舞い上がるのだ。風も吹いていないというのに――。

できれば芽衣さんを連れてすぐにこの場から逃げ出したかったが、辺りは真っ暗になっている。来るときは川の浅瀬や岸辺を通ってきたので近くに登山道はない。昼間と違って熊も盛んに活動していることだろう。夜が明けないことには林道沿いの空き地に停めてきた車までは、とても引き返せそうになかった。

やがて木の周りから響く物音が止んだ。すると、

「あっ、私も行く！　待ってぇ！」

芽衣さんが真っ暗な森の中へ駆け出そうとしたので、祐輔さんは慌てて制止した。

「何処へ行くんだ？　迷って帰れなくなるぞ！」

祐輔さんは力ずくで芽衣さんをテントの中に押し込んだ。芽衣さんは抵抗しなかったものの、不機嫌そうに黙り込んでしまう。ランタンの光を向けて話し掛けると、そっぽを向いた。そこで祐輔さんもテントに入り、出口の前にどっかりと座り込んだ。

一方、芽衣さんは「ふん」と鼻を鳴らしてから、こちらに背を向けて横になった。

寝息が聞こえてこないので、祐輔さんは彼女に声を掛けてみたが、相変わらず黙り込ん

でいる。思えばあの物音が途絶えてから何も喋っていない。

「起きてるんだろ。さっきから何で返事をしないんだよ？」

またランタンの光を近付けながら、彼女の顔を覗き込もうとした。

光に反応したのか、芽衣さんも寝返りを打ってこちらを向く。

ところが、その風貌がすっかり変わっていた。

いつの間にか、男のような短髪になっていた。鼻の低い、のっぺりした小顔。細い目と荒れた肌。若いのか中年なのか、年齢も性別も定かでない。まるで別人の顔になっていたのだ。しかも、にたにたと嫌らしい笑みを浮かべている。

祐輔さんは悲鳴を上げてテントから転げ出た。今度こそ逃げ出したかったが、無理をすれば確実に遭難する。朝まで身動きが取れないことをすぐに思い出した。

芽衣さんは依然としてテントの中にいる。祐輔さんは深呼吸を繰り返して心を落ち着けてから、テントに戻った。

ランタンを向けると、芽衣さんは仰向けになって眠っていた。元の顔に戻っている。

しかし、呼んでみても目を覚まさない。やけに青褪めた顔をしていて、呼吸もしていないようであった。

（大変だ！　死んでいるのか？）

祐輔さんは狼狽《ろうばい》した。

それでも肩を掴んで何度も揺さぶると、漸く息を吐く音が幽かに聞こえてきた。

(良かった！　生きている！)

だが、その後も芽衣さんは目を覚まさなかった。麻酔でも掛けられたかのように眠り続けている。祐輔さんは夜明けまでずっと不安な心持ちで過ごさなければならなかった。時間の経過が酷く遅く感じられる。座ったまま少し眠ろうとしたが、一睡もできなかった。

漸く朝が来て、芽衣さんは目を覚ました。

「どうしたの？　げっそりしちゃって……」

怪訝な顔をしている。それは本来の彼女の顔だったので、祐輔さんは漸く安堵することができた。昨夜起きたことを話すと、

「えっ！　私がそんなことを？　……バーボンを飲んでから後のことは覚えてないのよ」

と、芽衣さんは目を丸くしていた。

敏子

智香さんが、正常な社会生活を営めなくなってから半年になる。

半年前までは毎朝六時に起床して、夫のために手の込んだ弁当を作り、娘を小学校に送り出してからパートの仕事に向かっていたのだ。

それが今では、一日の殆どを自宅で過ごしている。

心身ともに悪いところはない。

全ての原因となったのは、一体の人形だという。


夫の叔母、美由紀さんから貰った日本人形がそれである。

美由紀さんは智香さんを気に入り、何かに付け助けてくれていたのだが、長らく自宅に引き籠もった挙句に亡くなった。

発見されたときは、骨と皮だけの衰弱しきった状態だったという。

引き籠もるきっかけは夫の病死であったが、その原因は自分にあるのだと美由紀さんは言い張り、生きることを拒否したらしい。

全ての人との交渉も断ち、殆ど自殺同然の衰弱死であった。

子供のいない美由紀さんは、一体の日本人形に敏子と名付け、我が子同然に可愛がっていた。

おかっぱ頭の少女を模した、所謂市松人形である。

骨董品の店で見つけて惚れ込んだらしく、出かけるときもバッグに入れていくほどであった。

自らの寿命を悟った美由紀さんは遺書を残していたのだが、その中身は人形の譲渡に関することのみであった。

『私が死んだら、敏子を智香さんに預けてください』

そう書かれてあったそうだ。

正直に言うと、智香さんは人形が苦手であった。けれど、美由紀さんの形見ならば話は別と、自らに言い聞かせたらしい。

娘が手荒に遊んでしまうことを予想し、智香さんは人形を寝室の本棚の上に置いた。

その夜のことである。夫が夜勤のため、智香さんは独りで眠っていた。

常ならば朝まで目覚めることはないのだが、何故か真夜中に目が覚めてしまった。

夫がいないときは灯りを点けたまま眠るのだが、それにしては部屋が薄暗い。

電球切れかと思い、ぼんやりと天井を見上げた智香さんは、瞬時に目覚めて飛び起きた。

普段よりも薄暗いのは、天井全体に広がる黒煙のせいであった。

火事だ、娘を助けなければ。それしか頭に浮かばず、慌てふためいてドアに向かおうとして気付いた。

燃えている気配がない。熱くもなく、臭いもしない。

智香さんは、天井を見直した。黒い煙は漂ったままだ。触れそうなぐらい濃密な質感がある。

では、これは一体何なのか。智香さんは煙の正体を確かめようとして、ベッドの上に立った。

その途端、煙はするすると移動を始めた。

漂うというよりも、しっかりとした目標を持った動きである。

煙の先端が人形に到達した。煙は、うっすらと開いた人形の唇に触れるや否や、あっという間に人形の中に入り込んでしまったという。

呆気に取られながら見つめていた智香さんは、そこで漸く我に返った。

慌てて寝室を飛び出し、居間のソファーでまんじりともせずに夜明けを迎えたそうだ。

今すぐにでも人形を捨ててしまいたいのだが、形見の品という点が引っかかる。

夫と相談した上で処分しようと決め、智香さんは朝の支度を始めた。

とりあえず意を決して寝室に入った。

なるべく人形を視野に入れないよう、俯《うつむ》いたまま箪笥に向かう。適当に服を持ち出し、急いで居間に戻る。

着替えて顔を洗い、朝食を作り、娘を起こす。

起きてきた娘は智香さんをじっと見つめて言った。

「おかあさん、そのひもはなに？」

言われて初めて智香さんは、自分がおんぶ紐を巻いていることに気付いた。

娘が赤ん坊の頃に使っていたおんぶ紐である。

箪笥の奥に片付けていたはずだ。いつの間にこんなものをしたのだろう。

更にもう一つ気付いた。

自分が何かを背負っている。

厭な予感というか、既に答は分かっている。

その答を娘が言った。

「ねえ、何でお人形さんおんぶしてるの」

悲鳴を上げることも忘れ、智香さんは紐を外した。一刻も早く下ろしたいのだが、身体が言うことを聞かない。

自分は何をしているのだろうと思いつつ、丁寧に紐を外し、ゆっくりと人形をソファーに置いていたという。

ソファーに置いた人形は、朝の光を浴びて輝いて見えた。

智香さんの中で人形に対する恐怖心が消えたのは、このときかららしい。

人形が、いや敏子が実に愛おしく、一瞬でも怖いと思った自分が許せない。

どうかすると、我が子よりも大切な存在に思える。

そんな自分を冷静にたしなめる自分もいる。

敏子は何て可愛いんだろう。――いや、そう思うのはおかしい。

だって可愛いものは可愛い。守ってあげなきゃ。――だからおかしいって。

思考は、その繰り返しである。

娘はいつの間にか、勝手に出かけていた。

ぼんやりと敏子を見つめ、ふと気付くと昼過ぎであった。

結局、パートを無断欠勤してしまった。

まあいいか、この子と一緒に過ごせるならと、心底から思えたそうだ。

正にこの日から、智香さんの日常生活が変わったという。

とにかく敏子優先で動く。丁寧に髪を梳《す》き、抱きしめ、頭を撫で、一日を共に過ごす。

夫も娘も二の次である。というか、食事を作るのも面倒である。

自分を叱りつけ、どうにかして買い物に出かける。だが、買い物袋の中に敏子を入れていく自分を止められない。

夫婦共稼ぎで、漸く生活できていた家庭であったため、とうとう貯金を食い潰し始めた。

当初、夫は心配し、優しくしてくれていたのだが、あまりにも異様な行いに疲れたのか、娘を連れて実家に帰ってしまったそうだ。

それでも尚、智香さんは家族よりも敏子を選んでしまう。

生活費はどうするのか、このままではいずれ生活は破綻する。

どうにかして敏子から離れる努力をするべきではないのか。

捨てるのが無理でも、誰かに預けたら良いのでは。一度、お寺か何処かで見てもらうのはどうか。

自ら問いかけるものの、答は出ないという。

話している間も、智香さんはずっと敏子を撫でていた。

ちなみに最近、生活費のほうは解決したらしい。
夫が娘を連れて外出中、大型トラックと正面衝突したのである。
二人とも即死したため、多額の保険金が手に入ったとのことだ。

コスプレ

ヒカルはコスプレを趣味としている。

彼は女装男子で、コスプレも勿論女性向けのものだ。

不特定多数の目には触れないよう、仲間内だけで撮影などして楽しんでいる。

ある日、クローゼットの中を見て異変に気付いた。衣装一式が一揃えなくなっている。

下着からハイソックス、胸の谷間を作るためのヌーブラまで、丸々一人分。

スタジオに置き忘れてきたのかとも思ったが、ヒカルは元々が几帳面な質である。まずあり得ない。

――留守中に誰かが部屋に入っているのではないか。

お気に入りのコスプレ衣装が専用下着まで含めて一式、三着目が消えたところで盗難の可能性に思い至った。

部屋の侵入経路など調べてみたが分からない。そこでペット用のウェブカメラを取り付け、留守中のクローゼットを監視した。

端末の画面の中、誰もいないのにカタリとクローゼットの扉が開く。

掛かっている様々な衣装を物色するでもなく、狙いすましたように一つの衣装が引っ張られ、扉の外へと落ちた。

帰宅して後、カメラからフレームアウトした衣装を捜してみたが何処にもなかった。やはり丸ごと一式消えていた。

どうやって盗んでいるのか、カメラの映像だけではどうしても分からない。幾度かの監視で判明したが、犯行に及んでいるのは決まって深夜三時頃だ。

これ以上は流石に許容できないと、ある日、出かけた振りをして自宅マンションの非常階段でウェブカメラの映像を見つつ、友人と待機した。

午前三時頃、クローゼットの扉が開いた。

すぐに友人と自分の部屋に戻る。ドアは施錠されたままだ。ワンルームの部屋は玄関から全体が見渡せる。

クローゼットの前には男がいた。自分と同じくらいの年頃で似たような体格の。

カッと頭に血が上る。どれだけの労力を掛けて作り上げたと思っているのだ、どれもこれも結構手間暇掛かっているというのに。

「お前、ふざけんなよ！　お気に入りばっか盗りやがって！」

思わず怒鳴りつけた瞬間、

「ごめんなさい！」

男は頭を下げて消えた。

アニメや漫画のように、シュッと一瞬で。

頭が冷えてから少し哀れに思った。自分と同じ嗜好を持っていたんだろう。生前自分のように着飾ることが叶わずに、ここに現れたのかもしれない。

だが、それとこれとは話が別だ。戻ってこなかった衣装にはかなりの思い入れもあった。

許せない。

――今度出てきたら型紙作るところから教える！

そう決意も新たに手ぐすね引いて待っているのだが、それっきり男は現れず衣装が消えることもない。

ちゃぶ台

美大生の智恵さんは生まれ育ってから二十年以上経って初めて、自分の家に三階が存在していることを知った。

正確に言うと二階半で、所謂屋根裏部屋だった。

智恵さんの創作物は主に紙粘土を使用した物だったが、最近は作る物が大型化してきたので大学には置ききれなくなってしまった。

だからトランクルームでも借りようかと考えていたところ、彼女の父親が「お前のガラクタを保管するのに金を使うことはない。家の屋根裏部屋を使おう」と言ってきた。

ガラクタ発言は腹が立ったが、お金が掛からないならそれに越したことはない。

休日、大型の荷物の置き場になっていた二階の廊下突き当たりから、智恵さんは父親と一緒に荷物を退けると古臭い引き戸が現れた。

「こんな扉あったんだ？」

智恵さんが生まれてからこの廊下の突き当たりはずっと大きな荷物が置かれていたので、その引き戸の存在に気付かなかったのだ。

引き戸を開けると短い階段が現れて、それを昇ると今度は天井に扉があった。

かなり古い家ではあったが、智恵さんはまさか自宅の上階にこんな仕掛けがあるとは夢にも思わなかった。

「よし、上がるぞ」と言って父親が天井扉の留め具を外して上に押し上げた。

その途端、強烈な土の臭いが智恵さんを襲った。

「何なの、この臭いは？」

智恵さんが口と鼻を押さえながら顔を顰めると、父親は「まあ、説明するよりも見れば分かる、来な」と屋根裏部屋に上がった。

少し怖かったが智恵さんも父親に続いて屋根裏部屋に上がる。

そして父親が、懐中電灯で照らした部屋の全貌を見て愕然とした。

部屋の大きさとしては、六畳間より少し大きいくらいか。

光を取り込む窓のような物はなく、天井からは粗末な電球が吊るされているだけだった。

しかしそんなことはどうでもいい、問題は床だった。

どういう訳か床一面、土が敷き詰められていた。

土臭さの原因はこれだった。

そして部屋の真ん中に小さな朱色のちゃぶ台が置いてあり、それがこの屋根裏部屋の唯一の家具だった。

「これ……どういう部屋なの、お父さん？」

智恵さんが父親に問いただすと、彼はゆっくりとこの部屋について話し始めた。

この屋根裏部屋には元々人が住んでいた。

それは父親の祖母、つまり智恵さんの曾祖母にあたる女性だった。

詳しくは教えてもらえなかったが、あることが原因で曾祖母は気がおかしくなり、自らこの屋根裏部屋に引き籠もってしまった。

家族が説得するなど色々手を尽くしたが、曾祖母は頑として部屋から出てこようとはしなかったという。

当時、幼かった父親は曾祖母には近寄るなと言われていたが、ある日気になって屋根裏部屋に上がって中を覗いてみた。

そして先程の智恵さんのように大いに驚いた。

部屋の床にはいつの間にか綺麗に土が敷き詰められ、部屋の真ん中には見たこともないちゃぶ台が置かれ、その前にポツンと膝を抱えた曾祖母が座っていたのだという。

曾祖母は何もない宙を見て、微かに笑っていたそうだ。

父親はそれを大人達に報告した。

大人達は大いに困惑した。

昨日までは畳敷きだった床に、一夜にして隙間なく土が敷き詰められていたのだ。

とても曾祖母一人の仕業ではない。

たとえ協力者がいたにしても、屋根裏部屋に大量に土を運ぶ工程を誰にも気付かれないはずがなかった。

そして見たこともない、朱色のちゃぶ台。

家族は曾祖母にこれはどういうことだと訊ねたが、意味不明なことを言うばかりで全く要領を得なかったという。

曾祖母は暫くその土の部屋で暮らしていたが、ある日ちゃぶ台の前で小さくなって死んでいた。

結局、一晩のうちに部屋に土が敷き詰められていた現象は謎のままだった。

その後、気味悪がった当時の家族達は屋根裏部屋の土とちゃぶ台をそのままにして階段の前に扉を作り、荷物を置いて何もなかったことにしてしまったということだった。

「この家にそんなエピソードがあったなんて初めて知ったわ。何十年も屋根裏に、土を敷き詰めたままの部屋があったなんて……」

智恵さんは驚きを通り越し、呆れてしまった。

曾祖母が亡くなってから数十年もの間、室内に大量の土があったにも拘わらず、不思議なことに虫が湧いたり湿気で建築材が傷んだりしたことはなかったという。

その後、業者を雇って土を全て取り除き修繕を行った。そうして屋根裏部屋は無事、智恵さんのアトリエになった。

しかし、朱色のちゃぶ台だけは捨てずに置いてあるという。

「何か、ひいお婆ちゃんが創作のヒントをくれるかも、と思って」

智恵さんはそう笑うが、今のところその恩恵はないらしい。

陰と陽

岡さんの実家には茶室があった。

長年、家を守って一人暮らしをしていた祖母の千映子さんが、祖父の死後に建て増したものである。

が、一通りの体裁を満たした凝った造りのものであったにも拘わらず、岡さんの父母は元より、どうも親戚筋の誰もがそこに招かれたという消息のない、いささか不可解な一室であった。

岡さん……つまり、話の主の岡敦子さんの祖父は、実直な地方公務員で茶道を嗜《たしな》むような趣味人ではなかった。四十過ぎの働き盛りで事故死しており、子供を三人抱えてそういう余裕はまだ持てなかったろうし、祖母の千映子さんも同じ理由で全くその心得はなかった。岡さんは以前、父親からそう聞いた覚えがある。

祖父に先立たれて、空虚な想いから何か習い事でも始めようという気になったのだろうと思っていたとのことだが、丁度父親を含めた子供達が続々と独立していく時期が重なっており、実際には千映子さんが習い事に出かけているとか、お手前をしている姿も一度として目にしたことはないのだという。

茶室は、およそ三十年前に父親が結婚の相談をしに帰省したときには既に、庭の一部を潰して増築されていたのだそうだ。

「茶道を習いたい」という旨のことを口に出していたのは覚えていたが、結構な出費だろうに、ここまでハマったのかと、物凄く驚いたのだそうだ。

しかし別段、帰省中に茶室に誘うとか、作法を覚えろとか、そういうことは一切おくびにも出さなかったので、何だか微妙な不可解さだけをその頃から感じてはいたのだという。

茶室のことを訊ねると、

「私の道楽だよ」と言い切り、ただニコニコしている。

「色々楽しみだね」

何か茶会の計画でもあるのか、何処かに茶道関係の友人でもできたのかと思っていたが、そういう人々との親交を示すような物事も特にないまま、その後の時間は過ぎていった。

敦子さんの父親は学生結婚だったそうで、生活に必死で田舎のことを気にする余裕はなかったらしい。だから、すっかりそういったことには関心が払われなかった。

千映子さんは六十代半ばで癌《がん》を患い、二年ほどの闘病を経て、亡くなった。

遺産分けが行われ、長男である敦子さんの父が実家を受け継いだが、仕事の関係で別の住まいを持つ必要があり、それは長らく空き家になっていた。

……結局のところ、その茶室を誰かがちゃんと茶室として使っているところを見た者は、一人もいないのであった。


敦子さんは二十三のときに結婚したが、夫に酷いＤＶの癖があってトラブルが続き、早々に離婚して実家に戻っていた。

子供はなかったが、鬱気味の敦子さんを気遣った両親に暫くは気楽にしていろと言われ、そのまま家事を手伝って過ごしていた。

その時期に、空き家になっている祖母の家の管理を頼まれて、車で一時間ほどの距離にあるそれへ通うことがあった。

そもそもは母屋も祖父が建てた訳ではなく、昭和初期からあった中古家屋だとのことだが、購入した際と茶室を増築した際にリフォームされており、およそ百坪ほどのその家は良い感じで古民家然として熟れており、そういう風情が好きな人には気に入られそうな佇まいだった。

家自体には、目立った傷みは見られない。

雨戸を開けて風を入れれば、後の仕事は殆ど庭の草取りしかなかった。

周囲はちらほらと新興の住宅が目立ってきたが、概ね田圃と畑で占められた農業地域である。

隣家からも離れており、降り注ぐ日差しの中で黙々と除草の作業をしていると、結婚していた頃の神経を磨り減らした日々の記憶が、うっすらと癒やされる気がした。

いっそ、こちらの家に住もうかとも思うのだが、気になることがひとつあった。

同じような夢を見るのである。

この家の手入れに来ると、その後四、五日のうちに必ず。

夢の中で、敦子さんは少女になっており、着物姿の女性に手を引かれている。

その女性は若い頃の千映子さんであると、擦り込まれたように何故かぼんやりと思っている。

だが、目線の先に顔が見えないほど異様に背が高く、実は違うのではないかと常に疑いを持った状態で従って歩いている。

敦子さんは布きれで目隠しをされているのだが、モノクロームの状態で周囲ははっきりと見えており、それを口に出すとその女性に危害を加えられそうな気がして、ずっと押し黙っている。

様々な茶道具の並んだ水屋の前を通り、手を引かれたまま、やがてあの茶室へと入る。茶室は狭苦しい四畳半の空間で、卍形《まんじ》に畳を配置し、中央に半畳を据えてそこに炉が切ってある。

それは、実際にある茶室の造りと全く同じだった。

そして、「畳の縁を踏んではいけない」と女に言われ、手を引かれたまま、その茶室を時計回りにぐるぐるとゆっくり、何回も回るのである。

何回も何回も。

足元は見えているので、畳の縁を踏むことはないのだが、あまりに長々と引き回され、それにだんだんと着物の女性が早足になってきているような気がして、このままではいつか縁を踏んでしまうと思う。

黒いその縁が迫る度に、身が竦《すく》んだ。

もし踏んでしまうと、とてつもなく恐ろしいことが起きるのが夢の中の理屈として分かっているのだった。

強い絶望感に苛《さいな》まれ出した頃、北側の床の間へ向かうところの畳なのだが、いつも同じところで何かを踏みつける。

それは、グシャリと厭な感覚で潰れ、そうすると足元の畳が急に透け出して、中に能面のような小さな人間の顔が見える。

そしてそれは、まるで標本箱の中の死んだ昆虫のように、畳の中に整然と幾つも並んでいるのだった。

透ける範囲は、すぐに他の畳にも広がり……。


空き家へ行って三日後のその日も、その夢を見て汗びっしょりで目が覚め、やっぱりあの茶室は変なのではないかと流石に思い始めたのだが、しかし所詮は夢である。

それを根拠に思い詰めるのもおかしいし、相談する相手もいない。

漫然とまた日々が過ぎていたのだが、思わぬところで突破口が開いた。

その日、高校の頃からの友人である沙代という女性とショッピングモールへ買い物へ行き、途中一息つくために店内にあるカフェに入った。

飲み物を頼んで、自然にお互いの近況などの雑談になった。そして、最近不眠症だという沙代の振った話題から、たまたまその夢の話になった。そして、茶室の件も自然と話すことになった。

「へえ？」沙代は意外にも食い付いてきた。

「それ、面白いわ」

その反応もまた、敦子さんには予想外であった。

「……面白い？　……気味が悪い……じゃなくて？」

「その茶室の四畳半って、こうなっているのよね？」

沙代は自分のトートバッグからシステム手帳を取り出して、ボールペンで間取りを書き始めた。

「北側に床の間があるのなら、畳の並びがこう」

「その通りだけど……」

「茶室っていうのは、畳の敷き方は基本形が決まっているのよ。入り口はこの南側にあるのよね？」

「そう、そこから入るわ。……あなた、茶道の心得があったの？」

「いえ、会社で茶道研修っていうのがあったのよ。私、研修リーダーだったから、色々調べ物もしたのよね」

沙代はブライダル関連の企業に勤めていた。礼儀作法には、職種柄それは力を入れることだろう。

なるほど、そういう接点があるのかと感心していると、沙代は頭を捻りながら、色々と記憶を探っているようだった。

「入り口から時計回りに、踏込畳《ふみこみだたみ》、点前畳《てまえだたみ》、貴人畳《きじんだたみ》、客畳《きゃくだたみ》と回る訳ね。ちなみに中央の半畳は炉畳《ろだたみ》っていうのよ」

ペンの色を赤に変えて、ぐるりと円形に矢印を書いた。

「そして、この畳のところで何かを踏みつける？」

×印を書く。

「そう。そこだわ」

「ここは点前畳だけど……」

急に押し黙った。

「だから……？」

「敦子は、そもそもこの茶室の空間には陰陽《おんみょう》五行が組み込まれているっていう話、知ってる？」

「……いえ。……陰陽五行？」

茶道って、そういうものなのかと驚いた。生憎、そういった古典的な思想には全く興味がなくよく分からない。

「ええと……。あの、勾玉《まがたま》みたいなのが二つ回っているマークみたいなの知らない？」

「……ああ、確か韓国の国旗に使われている」

「そう。太極っていうんだけど、陰《いん》と陽《よう》で構成されている宇宙観というか……易学とかに使われている、とにかく中国の思想ね。茶道では、畳の並びをそれに関連付けて、この形の四畳半茶室の場合、客畳が陽。点前畳が陰、ということになっているわ」

「つまり……」

「敦子が何かを踏みつける場所は、『陰の畳』ということになるわね」

「陰の畳」とはまた不吉な気がする。

色々考えていくと、そんな茶室を作った千映子さんの気持ちが分からなくなってきた。

空き家の中にあったはずの家具や什器《じゅうき》のめぼしい物は、遺産分けのときに持ち出されたらしく全くなくなっており、祖母の人となりなどを考える手立ても見当たらない。

茶器なども結構値の張る品があったとのことだが、それらも父とその兄弟が争奪戦を繰り広げて、既に処分されたという話は聞き及んでいた。

馬鹿馬鹿しいと思われるかもしれないけれど、一度父と相談しなければならないと思った。

だが、何故か敦子さんの父はあまり祖母のことを話したがらないのだった。

夏草が生い茂る時期になり、敦子さんがまた手入れに訪れると、空き家はじっと同じ佇まいを守ってそこにあった。

この日は、家の周囲だけを当たるつもりであった。

半腰になって鎌でざっと庭の雑草を払っていると、前方に人の気配を感じて顔を上げた。

「……やあ」

別れた元の夫が立っていた。

「……車が停まっていたものだから、ひょっとしてと思って」

元の夫……宗一郎の実家も実はこの近くなので、顔を合わすと言うことは考えられた。

離婚後も数回、諸事の話し合いで会ってはいたので、それほどは驚かなかったが、暫く見ない間に随分と痩せていたので少し気になった。

「……痩せたね。……仕事がきついの？」

「いや、そういう訳じゃないんだが……」

身体の調子は変わりないのだが、何故か体重が落ちてしまうのだという。

宗一郎は、結婚していた頃は料亭の板前をしていたのだが、現在は握り寿司の技術を覚えて回転寿司屋で働いているらしい。

酒に溺れて暴力を振るっていた頃のギラギラした様子はすっかり失せて、何だか憑き物が落ちたような酷くしょんぼりとした感じになっている。

近況を話しているうちに、どうやら海外の寿司店で働く気でいることが分かった。

「色々不義理もしちまったんで、どうにも居づらいんだ」と言う。

業界に、ということだろうと思った。実は、勤めていた料亭というのは敦子さんの伯父の経営する店だったから、そのこともあるのだろう。

その準備金を作るのが当面の目標なのだそうだが、

「なかなか貯まらなくて」と、力なく笑った。

その様子を見ているうちに、不意にある考えが浮かんで、何故か押し止めることができずに敦子さんは口に出してしまった。

「ねえ、頼みがあるんだけど」

「頼み？」

「……あそこの茶室の、畳を上げてもらいたいんだけど」

空き家の電源は停止していたので内部は薄暗かったが、元々その茶室の四畳半は自然光しか使えないようになっていた。

取り外し式の雨戸と、躙《にじ》り口を開け放つと特に不自由のない明るさになった。

天井は杉板を竿縁で押さえたもので、電灯線も電灯もない。

踏込床になっている床の間の辺りが暗がりになっていて、少し気味が悪かった。

「この畳か？」

「……ええ」

沙代の言っていた点前畳を手際よく宗一郎が捲りあげた。そのまま床の間の前に運んで立てかける。

畳の縁は、夢の中と同じく黒の麻縁だった。

畳の下に敷いてあった新聞紙を取り除くと、床板の間に枠が作ってあって、杉板の蓋がしてあった。

「……床収納？」

蓋を持ち上げて取り除くと、鉄製の何かが底に置いてある。

風炉《ふうろ》だった。正確には前欠き鉄風炉というもので、畳の上に据えて茶釜を沸かすための炉である。

それはいいのだが、奇怪なことにはその中に入っている灰に細工がされており、盛り上げられて人面が造形されていた。

風炉の周りには、茶道で灰形を作るための「底取り」とか「灰匙」と呼ばれる道具が散乱している。

「……何だこれ？」

宗一郎が、絞り出すような声で言った。

濡れ灰で造形された人面は女性のようであり、目は閉じている。一見して能面のような感じだが、それよりは幾分リアルで、むしろ何者かのデスマスクを想像させた。

「……もういいから、塞ぎましょう」

蓋だけして隠した後、流石に床下を探った理由を話さない訳にはいかなくなった。

「よく分からないが、あれはやっぱり悪夢の原因にはなりそうだな。……不気味すぎるし」

沙代と話をして以降、床下が怪しいと何となく思ってはいたが、実際にああいうものを見つけても何が何だか結局のところ分からない。

あれを処分したら、何かが変わるのだろうか？

壊してしまうと、何か恐ろしいことが起きるのだろうか？

敦子さんが思い悩んでいると、宗一郎がこう言った。

「……なあ、じゃあ、『陽の畳』の下には何があるんだろうな？」

「え？」

宗一郎はまた同じようにして客畳を捲りあげると、点前畳と並べてそれを置いた。

案の定と言うべきか、床板には同じような杉板の蓋が現れた。

……開けてみると、その底にビニール袋に包まれた……現金があった。

全部一万円札の札束のようで、二人は息を呑んだ。

現金は数百万円はあったが、色々慮《おもんぱか》った末、それは宗一郎と折半した。

宗一郎はそれを資金にして本当に海外に出向いたとのことで、現在もアメリカにいるのだという。

風炉のほうは、どうにも処分の仕方が分からないのでそのままになっていたが、例の悪夢自体はそれ以来、嘘のように見なくなった。

そして、ある日珍しく晩酌をしていた父親が不意に母親——つまり祖母の千映子さんの話をし始めたのだそうだ。

「お前の婆さんは、○○市のでっかい質屋の長女だったそうだ。蔵が幾つもあって、中には質草で預かった宝石とか金塊とか骨董品とか、それはもう唸るほどだったんだと」

「へえ」

「それが、どうした訳か親父と知り合い、駆け落ちしたらしい。その際に相当な品物を蔵から持ち出したんだな」

「ええ？」

きっと、祖母はその頃のお金に手を付けずに大事に取っておいたのかもしれない――と、ふと思った。

見つけた現金のことは両親には黙っていた。話すとまた遺産問題に火が点くだけだし、それにもう、とうに半分は独断で宗一郎に渡してしまっていた。

「随分手を尽くして行方を探されていたらしいのだが、親父は実は当時バリバリの共産シンパで、そういうツテがあるもんだから日本中を逃げ回って、そのうち何年かして親子の縁を切られて、こっちのほうに落ち着いたらしい」

「警察沙汰になったんじゃないの？」

「どうもそれはなかったようだ。まあ、家族の不祥事ということで内密にされたんだろうな。で、その原資があったもんだから親父はまあ、運送業のようなものを始めて、結構そっちのほうも儲かったようなんだが、結局早死にしてオジャンだな。会社自体は売却して他人の手に渡ったが、成長はできずにそれももう消滅したようだ」

「……」

「元々商家の出だし、その会社で簿記とかも覚えたようで、お袋はその後事務員勤めをして一人で俺達兄弟を育ててくれた。母子家庭とは言え……全然、不自由はしなかったなあ」

何故だか、祖父が共産主義者云々というところが気に掛かった。

「じゃあ、お婆ちゃんもイデオロギー的には共産主義の信奉者？」

「いやいや」父親は何故か笑った。

「うっすら記憶があるんだが、よくその話題で夫婦喧嘩をしていたよ。お袋はむしろ反共だったな」

「よくそれで……」

「うん、夫婦なんて言うのはそういうものなんだろうな。……そういえば、あれが好きだったんだよな、お袋」

「あれ？」

「仏間の引き出しにＤＶＤが仕舞ってあるよ。古い映画だ。ええと……そうだ。アンジェイ・ワイダの『灰とダイヤモンド』」

映画「灰とダイヤモンド」は、一九五八年にポーランドで制作された。

ロンドン亡命政府派、つまり反共ゲリラの青年マチェクが主人公で、彼が要人の暗殺に失敗し体制側によって射殺されるまでの、およそ一日の間の出来事を描いている。

複雑なのは上映されたポーランドは既に社会主義体制下であって、主人公の反共はエキセントリックな徒労として描かれるしかなかったが、その深奥に底光りのする人間としての輝きが秘められていたことだった。

輝きとは自由を掴み取ろうとした魂の意思ということであろう。

敦子さんは、よくこれが検閲の厳しかったであろう当時の体制下で作られたものだと感心して見ていた。

が、主人公のマチェクと慌ただしい恋に落ちた一介のウエイトレス、クリスチーナが、廃墟となった教会で雨宿りするシーンのところで、リモコンを操作して一時停止にした。クリスチーナが墓碑銘に彫ってある詩を読み上げるのだが、それが気になった。映画では訳詞が断片的でよく分からない。

調べてみると、チプリアン・カミユ・ノルヴィトというポーランドの詩人のものだと分かった。

松明のごとく　なれの身より火花の飛び散るとき
なれ知らずや　我が身を焦がしつつ自由の身となれるを
もてるものは失わるべきさだめにあるを
残るはただ灰と　嵐のごとく深淵におちゆく混迷のみなるを

永遠の勝利の暁に　灰の底深く
燦然《さんぜん》たるダイヤモンドの残らんことを

「灰の底深く……？」

「そう、灰の底深く」

「つまり、かつて千映子さんが質屋の蔵から持ち出した、ダイヤモンドの指輪でも風炉の底から出てきたたということでしょうか？」

「……さあ？　それはどうなんでしょう？」

「どうなんでしょうとは？」

「出てきたかどうかは、話したくありません」

「……そうですか」

「ただ……」

「ただ？」

「ゴム手袋をした右手を、灰でできた人面に突っ込むとき」

「……」

「それが崩れるまでのほんの一瞬の間、その口元が笑いました」

「笑った？」

「……私は、祖母を理解できたように思います」

そう言って、敦子さんは微笑んだ。

まるで、永遠の勝利をもぎ取ったかのように……。

※ノルヴィトの詩については、岩波文庫版「灰とダイヤモンド」アンジェイェフスキ（著）川上洸（翻訳）及び映画版訳を参考にしました。

サークル

「もうね。アソコへは絶対に戻らないって決めてたんですけど」

主婦の君津さんは話し始めた。

「祖父が危篤だったんで、仕方なく戻ったんですよ……」

彼女は頭を大仰に振りながら、語り始めた。

「あ、島の名前と場所だけは絶対に伏せてくださいね。絶対に！」


君津さんは、総人口百名程度の離島で生まれ育ったが、成長するにつれて本土で暮らすことを夢見るようになっていった。

「別に家族が嫌いとか、都会に憧れていたとか、そういう訳じゃないんですけど……」

とにかくこの小さな島を出たかった、と彼女は明言した。

「気持ち悪いんですよ、あそこ。空気が澱んでいるというか……」

妙な閉塞感があって毎日が辛かった、と彼女は言う。

地元の中学校を卒業すると同時に、家出同然で本土へと渡っていき、小さな町工場に就職した。

そしてそこで知り合った同僚と結婚して、一女の母となったのである。

本土での暮らしは、生まれ故郷の小島で夢想していた通りであった。良いことばかりじゃないけれど、しっかりと落ち着いて息ができる、そういった生活が続いていた。

時はあっという間に流れていき、家を出てから八年の月日が経過していた、八月のある日。

夕飯の支度をしていると、電話が鳴った。

「もしもし、良子か?」

受話器越しに聞こえてくる声は、あまりにも懐かしい響きであった。

「……えっ、父ちゃん?」

ぶわっと流れ出る涙を我慢しながら、彼女は嗚咽を堪えて応えている。

家を出てからは手紙で近況を知らせるようには努めていたが、父親から電話が来たのは初めてのことであった。

母親からは幾度となく電話は来ていたが、家を出たことが父親の逆鱗に触れたらしく、彼の話題に触れることはなかった。

そんな父親が、家を捨てた娘に電話を掛けてきたのだ。

これはきっと良くない知らせに違いない、と彼女は覚悟した。

「じいさまが、な。じいさまが、な……」

案の定、それは祖父の危篤を知らせる電話であった。

その知らせを聞くなり、彼女の頭の中は真っ白になってしまった。

家族が嫌いで家を出た訳ではない。むしろ皆を愛していたが、それより何よりあの島にいるのが厭だった、その一言に過ぎない。

厳しかったが優しくもあった、祖父の顔が脳裏にぼんやりと浮かび上がる。

「死ぬ前にな、ひ孫の顔を一目だけでも見たいっちゅうからな……」

受話器から聞こえてくる、いつの間にか老いた父親の震える声を聞くなり、彼女は帰省することを決断した。

仕事の都合で来られない夫を置いて、君津さんは五歳になる娘の美緒ちゃんを連れて、小さな漁船をチャーターして島へと渡っていった。

もうすぐ日も暮れるというのに、熱を帯びたねっとりとした潮風が顔面に絡みついている。

漁船を降りた途端、君津さんは奇妙な息苦しさに襲われた。

「……やっぱり」

彼女は自嘲気味に嗤った。

久しぶりに帰ったこの島は、以前と何一つ変わっていないようであった。

勿論真新しい施設や家屋は増えていたが、何よりこの島に漂っている空気に変化を感じることができない。十年近く経過したにも拘わらず、相も変わらず得体の知れない不気味さが漂っている。

それでも、今の季節はまだ良いほうであろう。

年に一度の数日にも及ぶ豊年祭が開催されていて、辺りには観光客らしき人々が多数行き交っている。

そういった人達に対して上っ面だけは歓迎する表情を現しながらも、内心では憎々しげに監視している住民達の姿。

そんな様子を見るなり、彼女は大きな溜め息を一つ吐いた。

ああ、絶対にダメ。ここだけは、本当に厭。無理。

全身に満ち溢れる嫌悪感と対峙しつつ、あちらこちらに立てかけられた祭りの看板を横目で見ながら、彼女は実家へと重い足取りで向かっていった。

家出同然に飛び出した彼女を、家族は皆喜んで迎えてくれた。

激怒していたはずの父親も、両目に涙を溜めながら熱烈に歓迎した。

母親だけは何かを考えているような、難しい顔をしているのが気に掛かったが、恐らく看病の疲れが溜まっているのであろう。

とにかく迷惑を掛けてしまった両親と兄に深々と頭を下げてから、すぐに病床へと向かっていった。

土気色の顔色をした祖父は布団の中で起き上がることすらできなかったが、それでも元気そうな彼女と美緒ちゃんの顔を見るなり、弱々しい笑顔で涙を流し始めた。

「じっちゃん……」

その姿を見るなり、退屈そうにしている娘の手をぎゅっと握り締めながら、彼女もまた精一杯の笑顔を作る他なかった。

「ここ数日がヤマらしいんだ」

父親の言葉に、彼女は涙を流しながらうんうんと頷いた。

君津さんが覚えているのは、毎日のように漁に出かけていた祖父の元気な姿である。

それが今では骨と皮だけになってしまって、布団から起き上がることすらできない。

言葉に詰まっている娘の姿を見て、父親は精一杯の声を張り上げた。

「今日はとにかく、飲んでけ。な。な」

物言いたげな母親の表情が気になったが、父親の声に促されて、彼女は幾度となく杯を重ねていった。


尿意を覚えて、君津さんは目を覚ました。

いつの間にか仏間に敷いてある布団で眠っており、その隣では娘が静かな寝息を立てている。

父親と兄に促されて酒を飲み始めたまでは良かったが、そこから先の記憶は曖昧であった。

若干朦朧としている頭を振りながら、彼女は便所に向かってふらふらと歩き出した。

薄暗い裸電球に照らされた廊下は、歩く度にギシギシと不気味な音を奏でていて、傷だらけで変色している木製の床板に、自分の長い影が薄ぼんやりと浮かび上がっている。

自分の作り出した影に視線を向けながら歩いていると、その形が不気味に顫動《せんどう》し始めた。

彼女は小さな悲鳴を上げ、歩みを止めた。

突如震え出した自分の影。それはあっという間に、三つの影に分裂している。

いや。長い自分の影の両脇に、小柄な影が挟むように並んでいるので、三つに分かれた訳ではないのかもしれない。長く朧気な自分の影に、同列に並ぶ小さな二つの短い影。

彼女はさっきより大きな悲鳴を上げ、後ろを振り向いた。

影が二つ増えたということは、後ろに誰か……。

だが、そこには誰もいない。

不思議そうに頭を傾げながら前を向くと、影は元通りになっていた。しかし再び歩き出せば、またしても影が三つに増えてしまう。

訝《いぶか》しんではみたものの、今は喫緊の課題がある。とにかく用を足さないことには、どうしようもない。

できるだけ下に目を向けないようにしながら、君津さんは歩く速度を速めた。


無事間に合って寝室に戻ったところ、異変に気が付いた。

「……み、美緒？」

先程まで寝息を立てていた娘の姿が、布団から消え失せている。

慌てて家中探し回ったが、何処にもいない。

家族を起こして訊ねてはみたものの、小さな娘の行方は誰も分からない。

君津さんは寝間着姿のまま家を飛び出すと、懐中電灯を片手に捜索を開始した。

とは言っても、五歳の子供が一人で移動できる範囲などそんなに広くはあるまい。

彼女は実家の付近を重点的に探し回った。

やがて、実家から百メートルほど離れた浜辺の脇にある小さな地磯の辺りから、子供の声が聞こえてくることに気が付いた。

しかも一人や二人ではない。もっと大勢の声が聞こえている。

早鐘を打つ胸を抑えながら、彼女は慌てて近付いていく。

漆黒の闇の中、僅かばかりの月色に照らされて、何者かの集団が手を繋いで輪を作っていた。

恐る恐る、そっと懐中電灯で照らしてみる。

それは、十人ばかりの子供の集団であった。

いずれも小学生低学年程度で、皆一様に見すぼらしい身なりをしている。

彼らは互いに手を繋いで輪を作りながら、不気味な唄を口ずさんでいるのだ。

地元に伝わる民謡のような調子であったが、その歌詞は意味不明で、知らない国の言葉にしか聞こえなかった。

だが、この不気味な唄はどことなく聞き覚えがある。

〈何だっけ、この曲。小さかった頃に……確か……確か……〉

それをきっかけにして、彼女がまだ小さかった頃の記憶が、断片的ながら脳裏に浮かび上がってきた。

ゴツゴツとした荒磯で佇んでいる自分。それを取り囲むように輪を作る、汚い格好をした少年少女の姿。

彼らの顔には暗い靄《もや》が掛かっており、表情まではよく分からない。けれど、彼らが口ずさんでいる唄。気持ち悪くて、怖くて怖くて仕方がない。その唄が終わりに近付いた頃……。

君津さんは頭痛に襲われた。信じられないような鋭い痛みが頭部を駆け抜けていった。

それは次第に鋭さを失っていき、やがて重苦しい鈍痛へと変わっていく。

頭を抱えて蹲《うずくま》ろうとしたとき、子供達の作る輪の中に見覚えのある柄の布がちらりと見えた。

〈ひょっとして!〉

「ちょっと、あんたら!」

波のように襲い掛かってくる頭痛を堪えながら、彼女は怒号を上げて、その集団に近寄っていった。

懐中電灯の光を、輪の中心に向ける。

「ミオっ！　ミオっ！　美緒なの！」

輪の中で彼女の娘は、両足をだらりと伸ばして大人しく座っていた。

そして宙を向きながら、池の鯉のように口をぱくぱくと開け閉めしている。

その虚ろな眼は見えない何か凝視しているようで、口角からは大量の涎が溢れ出ていた。

「あんたたちっ！　何やってんのっ！」

そう怒鳴り散らした途端、子供達の冷ややかな眼が一斉に彼女に向けられた。

その眼は一様に黒く落ち窪んでいる。

更に彼らの顔色は全て人形のように白く、生気の欠片すら感じられない。

硬そうな皮膚には至る所に稲妻のような皸《ひび》が入っており、その隙間からは赤黒い内部が見え隠れしている。

「ひゃっ！」

君津さんの呼吸が、一瞬だけ止まった。

〈怖い。怖い。本当に、おっかない。けれど、ここでミオを助けない訳にはいかない〉

彼女はその場で一つ、大きく深呼吸した。

そして一気にその輪の中に走り込んでいくと、自分の娘を引ったくるように抱き抱えて、

実家へと全速力で走っていった

「あれ、何っ！　あの子供達は！　一体、何なのよっ！」

どことなくオドオドしている両親に向かって、彼女は捲し立てた。

断片的な自分の記憶を繋ぎ合わせると、何らかの事情を彼らが知っているに違いなかった。

何故なら、自分も小さい頃に同じような目に遭っていたことを思い出したからである。

「……お前がここに戻ってくるなんて思わなかった」

やけに落ち着いた調子で、母親が口を開いた。

「それって、どういう意味なの？」

カッとなった君津さんはかなり厳しい口調で母親に返した。

「ここから……この島から折角抜け出せたのに……」

彼女の母親は、君津さんの視線から逃げることなくボソリと呟いた。

「……だから、ここにはここの決まりが……」

父親が何かを語り始めるべく、重い口を開けた。

そのときである。

「知らなくていい！」

奥の部屋から、低いながらも威厳のある寂声がそれを遮った。

病床に臥している、祖父であった。

「おめえはもう、島のおなごじゃねえからな。知らなくていい！」

その声を聞くなり、何とも言えない恐怖感が彼女の心を占領してしまい、その後の言葉はどうやっても出てこない。

君津さんの思考は停止してしまった。そして、改めて決意した。

金輪際、この島に戻ってくることはないであろうと。

たとえ、何があったとしても。


翌朝、父親と兄の強引な引き留めを振り切って、君津さん親子はその地を離れた。

心なしか、母親だけは安堵の表情を浮かべていたような気がしてならない。

祖父の容態は予断を許さなかったが、まだ小さな娘を連れてこの地にいること自体、辛抱できなかった。

祖父が亡くなった知らせが来たのは、その翌日のことである。

四人部屋

富樫さんは深夜ある事件を起こし、そのまま警察署に連行された。逮捕され、取り調べのため警察署内にある留置所に身柄を拘束されることとなる。

そのときの話だ。


逮捕後。夜通し取り調べを受け、早朝六時半に留置所へ入れられた。

「おう、新入りか」

こういうときテレビで見たドラマと似た台詞を、本当に言われるのだなと思うと不謹慎だがおかしかった。その部屋に先にいたのは男三人。

四人部屋だった。

既に富樫さんの分の朝食も用意されていた。容器に冷えた御飯とおかずが入っている。

御飯は固まっており、箸で全部持ち上げることができた。それを見て「板みたいな飯だ」と残念な気持ちになった。

他の三人は御飯に醤油をかけ、崩して食べている。それを真似して富樫さんも食べた。

古い米の味がした。味噌汁は味が薄く、これにも醤油を入れて飲んだ。昼はコッペパンとジャム。この日は、風呂に入れる日だった。

留置所で過ごすうち、他の三人と少し会話をした。一人は詐欺。もう一人はひき逃げ。残りの一人は話さなかった。名前は聞いたが、覚えていない。ここでは番号で呼ばれるため、名乗り合う必要は感じなかった。

富樫さんは長期身柄拘束にはならないと自分で分かっている。他の三人がどれくらいここにいるのか知らないが、余程の場合を除いて入れ替わりが早いことが多いのではないか。こう考えると、必要以上に親しくなることもないと判断した。

同室の一人を仮に田中とする。年齢は四十後半か五十台と思われる。真面目な会社員には見えなかった。

彼は夜になると、痛み止めの薬を頼んでもらっていた。それは彼の所持金から購入し、預けていたものか。それとも頼めば貰えるものなのかといった素朴な疑問が湧いた。替えの下着は身内に持ってきてもらうか、自分の金で買うか等だったはずだ。初めての場所だけに「薬は急に必要になるし、頼めば貰えるのだろうか」と富樫さんは思った。

田中は薬を一回分の使用量だけ受け取ると、係の者の目の前でお菓子のラムネを齧《かじ》るようにガリガリと音を立てて食べた。その場で薬のお代わりを要求。当然断られる。

彼の体調は悪いようには見えない。ちょっとした腹いせでそうしたのか、薬に依存しているのか。そのどちらかだろうと感じた。

田中だけでも面倒そうな相手だが、それ以上に強烈な相手がいた。


こちらを仮に栗林とする。年齢は五十代かそれより上といった印象。目付きが悪く、留置所に慣れていた。

栗林はいつも部屋の決まった場所——一番奥の壁際を縄張りとしている。そこに他人が入ることを強く拒んでいた。

留置所にはトイレが設置されている。

天井までの壁で囲まれてはいるが、窓が付いている。トイレは洋式。用を足すとき便座に座ると、窓から上半身が見えるようになっていた。

トイレの入り口扉部分にも上下に隙間があり、足元と頭が見える造りになっている。

備え付けのトイレットペーパーはない。必要なときにその都度、ちり紙を貰う。

手洗い用の水は、トイレの水を流すのと同時に出る。水量が少ないため、何度も流した。

栗林は手洗い用の水でちり紙を濡らし、いつも自分の周囲の床を拭いている。床はマットが敷かれており、板や畳ではない。彼はマットが濡れても、拭くことを止めない。

「絶対に誰も、ここに入るなよ」と怒鳴る。

栗林がトイレに入ったときは、便座に座ったままで中の壁をひたすら拭いている。一度入ると中に籠って暫く出てこない。縄張りで床を拭いていないときは、独り言をブツブツと呟いている。完全に壊れていると思った。

富樫さんがここへやってくる少し前。栗林はそのとき、同室だった相手とちょっとした問題を起こしている。一時的に別の部屋にいたことも聞いていた。戻ってきても反省した様子はない。

田中と栗林。この二人は要注意人物として、富樫さんの脳裏に刻まれた。


留置所の消灯時間は早い。

布団は各自部屋の隅に敷いた。

トラブルを避けるために、狭い部屋の中でできる限り離す。

最初の夜。

富樫さんは眠れず、布団の中で横になったままぼんやりとしていた。

この状況を勤務先に連絡できていない。今の時点で無断欠勤は決定だ。

（最悪の場合、どう考えても会社はクビだよな）

出社できない理由を説明できたところで、結果はあまり変わらない気がする。

そんなことを考えていると、ますます眠れなくなった。暗く殺風景な部屋の中を見る。

他の三人は鼾《いびき》を掻いて寝ていた。

大きな溜め息が出る。同時に横になっている自分のすぐ近くを、影のようなものが通ったような気がした。三人以外の人の気配がする。外部の人間が絶対に出入りできないこの場所で、それはあり得ない。鳥肌が立った。

（こういう場所で落ち着かないから、そう思うんだ）

深く考えないようにしながら、必死に目を閉じた。


次の日の朝。目が覚めると、栗林が騒いでいた。

「おいっ、誰だ。夜中にここに入ったの」

誰かが自分の縄張りに入ったと怒っている。

「夜中に誰も起きてないよ」

富樫さんも他の二人も、自分ではないと説明した。

栗林は自分が寝ている枕元に入った奴がいる。こう主張している。足跡が残っているというが、富樫さんは見ようとはしなかった。栗林の被害妄想だと思ったからだ。犯人は名乗り出ない。

彼はイライラした様子で濡らしたちり紙を用意すると、一心不乱に床を拭き始める。四人部屋の空気はますます悪くなった。

富樫さんは、その日も留置所で過ごすこととなった。食事が相変わらず不味く、それが苦痛だった。部屋のメンバーは変わらない。

そして二度目の夜を迎えた。


富樫さんはいつの間にか眠れていたようだが、夜中に目が覚めてしまった。また人が通ったような気配を感じた。

(誰かトイレに起きたかな)

部屋を確認したが、他の三人は誰も起きていない。全員布団でぐっすりと寝ている。

ふと、栗林のほうが気になった。彼は部屋の奥。いつもの場所に布団を敷いている。暗い部屋の中で、栗林のいるところの闇が深い。じっと見ていると、その闇がふっと横に動いて、消えた。

栗林が苦しそうに唸り声を上げて寝返りを打つ。それと同時に富樫さんは身体の向きを変えた。

自分の背中越しに誰かが通る気配がする。気配は入り口から奥の壁のほうに抜ける。それが何度か続いた。

(——栗林が騒いでいたことは、本当だったのかもしれない)

富樫さんは、早く家に帰りたいと心底反省した。


朝になり、また栗林が騒いでいた。

「俺の縄張りに入ってきたのは誰だ」

また誰かが侵入してきたと主張している。内心「ああ、やっぱりな」と思う。事情が飲み込めない他の二人は迷惑そうな顔をしているだけで、何も言い返さなかった。

栗林の傍をちらりと見る。そこにうっすら濡れた足跡が残っていた。

その足跡はポンッと片足が一つだけで、どちらから来て何処へ戻ったのか分からない。

栗林はそれがどうしても気になるのか、ちり紙を貰うと水で濡らし一心不乱に拭いた。

他の者はただそれを、じっと見ているだけだ。

(栗林と少しくらい話してみようか)

迷っているうちに、富樫さんの番号が呼ばれた。

そしてそのまま検察官の元へ送致された。
栗林とは話せなかった。
結局犯人は分からないままだ。
留置所に戻ってきたとき、栗林は相変わらず床を拭いたまま独り言を呟いていた。

室内清掃員

永さんはある企業の研修施設の常駐警備員だった。

高原の林間部にある施設で、夏の間だけ利用されていた。冬の間は雪に閉ざされてしまうからだ。夏の間も車がなければ買い出しもできない。そもそも周囲に店もない。

初めての勤務地だったこともあり、最初は先輩と二人で勤務を開始した。先輩は手練れだから、そのやり方を見て覚えればいい。上司にそう言われて、楽な仕事だと安心していた。しかしそれは甘い期待だと理解した。夏の間は家に帰れないらしい。

事務所として使われているロッジの一角には警備員用の仮眠室があった。ドアに「清掃員室」とプレートが貼られていた。入ってみると小上がりがあり、そこで靴を脱ぐ。正方形に畳が敷き詰められ、片隅に布団も畳まれていた。壁には清掃用具が吊るされている。部屋の角には手作りの机。その上にはペンキ缶が並んでいた。

昼間は事務員も食堂の調理師もいるが、夜になると皆帰ってしまう。

宿泊客がいなければ、施設には永さん一人だ。

契約では泊まり込みで夜警をすることになっているが、一体誰がこんなところに盗みに入るんだろう。そう思った。

実際、梅雨時には研修も少なかったが、七月からは頻繁に社員が訪れるようになった。その日は若い社員で研修棟の全ての部屋が埋まっていた。研修棟の一階には男性が、二階には女性が宿泊していた。

夕食の時刻も過ぎ、宿泊中の社員も皆部屋に戻った。職員達も皆帰宅した。

夜は施錠後に、二十二時と三時に二度の巡回を行うのが決まりだ。

各箇所の施錠を終えて時計を確認すると、規定の時刻だった。永さんは巡回に出た。

食堂脇では研修中の男性二人が自動販売機の前で缶ビールを飲んでいた。

横を通り過ぎようとすると呼び止められた。

「守衛さんね。あのね、朝の掃除はいいよ」

何のことかと聞き返すと、掃除はいいよと繰り返す。黙っていると一人が続けた。

「毎朝丁寧だとは思うけどさ、わざわざ部屋に入る必要はないよ」

永さんは事情がよく飲み込めず、貴重品は事務室のほうに金庫を用意していると伝えた。

しかし、男性は違う違うと言って説明を始めた。

「だから違うの。俺達もギリギリまで寝ていたいし、掃除は毎朝じゃなくていいって」

「清掃はお泊まりの方々でやってくださいってことになってますよね」

「それは知ってるよ。でもさ、毎朝おばさんが来て掃除すんだって。俺らもすぐ出てけって言うんだよ。俺も今朝追い返したんだよ。ね。伝えておいて。お願いします」

「でも――。いえ、分かりました。伝えておきます」

ここで押し問答になってもいけない。こちらは雇われ警備員だ。

永さんはその場を離れた。続いて研修棟への通路を辿っていくと、非常灯のぼんやりとした緑の明かりの中で、薄青い制服姿が浮かんで見えた。モップとバケツを持ち、三角巾を被った腰の曲がった女性が前方を大儀そうによちよちと歩いている。

ああ、さっきの二人は、この人のことを言ってたのか。

そう思って気が付いた。この施設には、清掃員室はあっても清掃員はいない。その清掃員室は仮眠室として警備員の自分が泊まっている。

不審者だ。永さんはそう結論づけた。清掃員の格好でも、泥棒や変質者の類だ。

抜いてはいけないと決められている腰の警戒棒を握り締めた。

相手は両手に物を抱えている。走って逃げるにしたって、さほど速くはないだろう。

そう判断した永さんは、まずはわざと足音を立てて近付いていくことにした。カツンカツンと靴音を立てる。だが、女性は気付いていないのか、無視して通路を進んでいく。

「もしもし、お母さん？」

声掛けをしたが、振り向きもしない。

「すいません？　もしもし？」

やはり反応なし。埒が明かないので女性の後をゆっくりと付いていく。

通路が中庭に面する場所に差し掛かった。この先には研修棟の二階への階段しかない。

今は女性達が寝ているはずだ。そんなことを考えながら、暗い中庭のほうにふと視線を逸らした。

目を離したのは一瞬だ。しかし、その間に女性を見失った。失態だ。血の気が引いた。

永さんは階段を駆け上がった。

二階の会議室のドアを一つ一つ開けて確認する。探しても誰もいない。

廊下で途方に暮れていると、若い女性が部屋から出てきた。

「ええと、モップとバケツを持った背の低いおばさんが来ませんでしたか」

「ああ、昨日来ましたよ、そのおばさん」

昨晩二十一時頃にドアを開けて清掃員が入ってきて、掃除をさせろと言ったらしい。

「もう寝ようというときだったんですよね。できたら夜は掃除は止めてください」

永さんは伝えますと答えることしかできなかった。

巡回から仮眠室に戻った。清掃員は行方不明のままだ。

あの清掃員は何者だ。少なくとも自分以外にも目撃者がいるということは、夢や幻ではない。考えながら布団に転がると、すぐに意識が遠のいた。

はっと気付いて時計を確認すると、先程の女性清掃員が、無表情で自分の顔を上から覗き込んでいた。

突然のことで身動きが取れない。目が合ったまま数秒経過した後に女性は口を開いた。

「おめ、おらが部屋で何をしとるか。ねぇっとるか」

「か、仮眠。仮眠してますッ！」

咄嗟にそう答えた。汗がどっと流れる。

「ほうけ」

「いえ、どうもすいませんッ！」

その言葉に背を向けるようにして、女性は部屋から出ていった。

バタンと音を立ててドアが閉まった。起き上がって追いかけようと思ったが、今閉じたばかりのドアには鍵が掛かっていた。

慌てて鍵を開けて外に出ても、もう廊下には誰もいない。

確認すると事務棟自体の鍵も掛かっている。

もう寝ているどころではない。

落ち着かないので引き継ぎの書類を書きながら冷静さを取り戻そうとした。しかし、あれについてどう報告すれば良いのだろう。下手に書くと失職することになるのではないか。そうだ。明日は先輩が来てくれる。相談してみよう。

清掃員のことは報告書には書かず、口頭で先輩に伝えることにした。

午前三時。次の巡回の時間になった。外は濃い霧が出ていた。

いつあの清掃員が出るかと震えながら巡回を終えた。

しかし仮眠室に帰るのも厭だった。朝の六時には先輩が交代に来てくれる。それを駐車場近くの詰所で待つことにした。

朝五時前には明るくなり、先輩は六時過ぎに車でやってきた。

引き継ぎ事項はあるかと問う先輩に、永さんは昨晩の体験を伝えた。

伝えながら、自分がおかしいことを口走っていることが厭だった。施設の合鍵を持った清掃員の格好をした女性不審者が深夜に徘徊しているなど、冗談の類ではないか。

「現認しているのか?」

話を聞いた先輩の声色が怖いものになった。もっと詳しく説明しろと言うので、年齢や背格好についても伝えた。しかし、目の前で見たはずの顔がよく思い出せない。

「仮眠してたらドアが開いていて、小上がりの前のところに立っていたんです」

二人でどう報告したものかと話をしていると、施設の事務長が出勤してきた。

どうしたのかと訊ねられたので正直に答えた。

施設内にまだ不審者がいる可能性がある。

そう告げると、事務長はちょっと心当たりがあると言った。

永さんは先輩とともに事務室に通された。

キャビネットから古い警備日誌を取り出してきた事務長が言った。

「実は過去にも何度か同じようなことが起きてるんですよ」

彼は開いたページを二人に見せた。

〈女性清掃員らしきものを確認〉

日誌には、ところどころに付箋が付けられていた。

最も古い日付は二十年近く前だ。確認すると、どのページにも判で捺したように同じ記述が繰り返されている。

「多分その女性は、あの清掃員室に住み込みで働いていた方です。ここで働き始めたときも還暦を越えていましたが、もう今何処で何をされているか――」

その後、朝一で研修施設を所有する会社に電話で問い合わせた先輩が、受話器を置くと、首を振りながら言った。

「その女性については知らなかったことにしてくれだと。書類にも残さなくていいらしい。何か事情があるのだろう。ただ、口外はしないでくれ、だとよ」

クリーンルーム

　明日香さんは食品工場で働く二十代の女性である。彼女の職場では、まず専用の白衣に着替え、白い長靴を消毒液で洗浄する。それから風を当てて髪の毛や埃を吹き飛ばしてから、クリーンルーム（無菌室）に入って作業をすることになっていた。

　その日、明日香さんがクリーンルームに入ろうと、ドアを開けたところ――。

　驚いたことに、真っ赤なワンピースを着た髪の長い女が真正面に俯いて立っていた。頭から水を被ったように全身びしょ濡れになっている。ここは無菌状態にしなければならないので、本来ならそんな姿で入室する者はいない。

「誰？」

　呆れながら声を掛けると、女が真っ青な顔を上げた。

　両目のない眼窩《がんか》が黒々と開いている。ぽっかりと開いた口も、歯がなくて黒い空洞になっていた。眉毛や鼻や唇もない。

（わあっ！）

　口から悲鳴は出なかったが、明日香さんは肝を潰してクリーンルームから逃げ出した。

そこへ同僚の女性二名がやってきたので慌てて事情を告げると、同僚達も顔を顰めた。

「どうしよう？」

「ん……。でも……入らない訳には、いかないよね」

「三人いれば、何とかなるかも……」

三人が恐る恐るクリーンルームへ入ってみると——。

赤いワンピースを着た女はいなくなっていた。

万が一、部外者が侵入していた場合は拙《まず》いことになるので隅々まで捜したが、他の工員達がいるだけで、女は何処にもいなかった。ただし、女が立っていた場所には水溜まりができていたという。

その晩、同じクリーンルームで働く男性社員が自転車で帰宅する途中、車に撥ねられ、数日後に死亡してしまった。仕事を終えたその男性が、工場を出て駐輪場へ向かう途中、赤いワンピースを着た女が後を追ってゆく姿を同僚の一人が目撃している。


後日、職場でその話を聞いた明日香さんは改めて恐ろしくなった。

同じ日の夕方。彼女は仕事を終えてアパートへ帰ってきた。階段を上って、自室がある二階の外廊下に到達した、正にそのとき——。

外廊下に赤いワンピースを着た女がいて、いきなりこちらへ疾走してきた。女の真っ黒な眼窩と口が、目の前に迫ってくる。

明日香さんは思わず一歩後ろへ下がってしまい、階段を踏み外した。

悲鳴を上げて、背中から転げ落ちてしまう。

階段の角で何度か後頭部を打ったらしい。脳震盪《しんとう》を起こして、そこから先の記憶がない。

アパートの一階に住む女性が悲鳴と物音を聞き、出てきて救急車を呼んでくれた。病院へ運ばれてから数日後、その人が見舞いに来てくれたのだが、

「頭から大分血が出ていたし、痙攣《けいれん》していたから、一時は死んじゃうかと思ったのよ」

そう言われて、明日香さんは恐怖からまた痙攣を起こしてしまった。

彼女はその後、赤いワンピースを着た女とは遭遇していないが、長期入院する羽目になり、現在も後遺症に悩まされている。

あの女が何故クリーンルームに現れ、のちに男性社員と明日香さんを襲ったのか、理由は分かっていない。

ト、或いは、ト

茨城県北東部の住宅街にある、築四十年程の木造アパートの一室――。

その部屋の住人の吉田さんは数年前のあの日の午後、スーパーのパートが休みであったので、暖房の効いた暖かい部屋の中で鳥かごから出した飼鳥のインコと一緒に遊んでいた。

吉田さんの手で直にナッツを与えたり、畳の上を不器用に歩くその姿を眺めたり――。

しがない一人暮らしの中で、その愛くるしい姿を眺めやる瞬間こそ、大げさではなく吉田さんにとって唯一生きがいのひと時であったのだという。

と、不意にそのインコの身体がきゅっと縮み上がった。

普段はふっくらと丸みのある美しい緑色の体毛を萎ませ、くりくりの丸い黒目を一杯に見開きながら辺りをきょろきょろと落ち着かない様子で見回している。

その姿は明らかに緊張していた。

それから僅か数秒の後――。

部屋が、いやアパート自体が激しく揺らいだ。

部屋の中に存在するあらゆる物体が互いにぶつかり合い激しい音を立て始める。

更に数秒経つと、吉田さんが壁に手を付いていないと立ち続けていられない程に、揺れは激しさを増した。

台所からはガラスの割れる物音。次いで何やら金属音が響き始める。合わせて獣が唸るような怖気立つ重低音。

——これは一体……何が起こっているのだろう!?

腰が抜けたかのように畳の上に座り込む。

——地震、これは地震なのだ。

漸く尋常ではないこの状況に頭と身体が追いつく。と同時に吉田さんは、はっとインコのことに頭がいった。

ついさっきまで一緒に遊んでいたその場所を振り返ると、鼈甲《べっこう》の櫛《くし》やら老眼鏡やらが散乱しているその合間で、きーきーと普段は耳にすることのない甲高い奇声を上げながらインコは羽根をばたつかせている。

「落ち着きなさいサクラ！　もう収まるから！　大丈夫だから！」

そう呼びかけながらインコに向かって吉田さんが手を伸ばそうとしたその瞬間——、衣類の詰まった木製の箪笥が、大きな衝撃音を立ててインコの上へと勢いよく倒れ込んだ。

「——！」

思わず息が詰まり、次いで自分でも何を叫んだのか理解できないくらいに大きな絶叫。

――はやく！　はやく！　はやくしないと！　早く箪笥をどけてやらないと！

足の踏み場が皆無と言っても良い程に物が散乱した部屋の中。揺れもまだ完全には収まってはいない。

そんな状況の中、はぁはぁと息を乱しながら箪笥の端に手を掛け、持ち上げようと吉田さんは試みる。だが初老という年齢に達しつつある非力な女性の細腕では、重い箪笥はびくともしない。

「吉田さーん！　大丈夫ですかぁ！　お怪我ありませんかぁ！」

先程吉田さんの上げた悲鳴を聞きつけたのか、ドアをどんどんと叩く音と近隣の住人達であろう心配そうな声が外から聞こえてくる。

「誰かぁあ！　助けて！　箪笥をどかしてぇ！」

吉田さんはそれらの声にすがるように、助けを求めて再び大声を上げた。


「――でもね、いなかったんですよ。私のサクラ」

助けを求める声を聞きつけ、ドアを打ち破るようにして入ってきた男性達は吉田さんの身が無事であったことに胸を撫で下ろしつつ、喜んで箪笥をどける手助けをしてくれた。

しかし、その箪笥の下にインコの姿はなかった。

それどころか部屋の何処を探してもインコの姿は見当たらなかった。

地震のあったその瞬間、吉田さんの部屋の窓は全部閉じられており、更にインコも羽根切りをしてあって上手く飛べるはずのない状態であったにも拘わらず——である。


何とも腑《ふ》に落ちない不可解な顛末である。

箪笥の下敷きとなってぺしゃんこに潰れたインコの亡骸を目にすることを半ば覚悟していた吉田さんにとって、そんな最悪の事態を免れたことの喜びのほうが大きかったらしく、

「賢い子ですもの。きっと箪笥が倒れかけた瞬間、危険を察知して何処かの隙間から外に飛び出したんだと思います」

今頃お外を不器用なりにも飛び回れて喜んでいるんだわ。そのうち寂しくなったら私の元に戻ってきますよ、きっと——。

こう結んで、吉田さんは明るく笑顔を作って見せてくれていたのである。

だが——。

前述の話を伺ってからおよそ二カ月程が経とうとしていた、ある平日の夜の遅い時間の

こと。私の元に吉田さんから電話があった。

怯えているのかそれとも悲嘆しているのか。

未だ気持ちの整理が付いていないままのようで、それは何とも支離滅裂とした話し方であったのだが――。

とにもかくにもそのときの内容を簡潔に整理して纏めたものが以下である。


吉田さんはその夜、ふと思い立ち部屋の整理を行ったのだという。

玄関周りから始めて、台所、トイレ、風呂場、居間兼寝室の和室の六畳間。

一時間半ばかりの時間を掛けて、残りは押し入れの中の整理を残すのみとなった。

それは押し入れ下段左隅の旧いアルバム群と、これまで頂いた暑中見舞いや年賀状、その他書簡及び便箋が詰まった籠の合間に挟まるようにして置かれてあった。

一辺がおよそ十二、三センチほどのほぼ正立方体の形をした桐の小箱。

手に取ってみると箱は毛羽立った細めの麻の紐によって十字で括られている。

――はて？　私こんな箱持っていたかしら？

ともあれ中身を見てみれば何かしら思い出すだろうと、押し入れからその小箱を引っ張り出した。明かりの下で改めて確認してみると、小箱の四つの側面それぞれに何やら薄く彫り物が施されている。

——これは……カタカナの「ト」？

或いは漢字の「卜《ぼく》」と思しき文字。それとも文字ではなく何か別の記号であろうか？

とにかくそのような意味の分からない簡素な彫り物が一つの面に一つずつ付いていた。

それらを見ても何ら思い出せることはない。むしろより一層このような箱などこれまで一度も見たことも手にしたこともないという思いが強まっていく。

指で摘まみ軽く引っ張っただけでするりと解きほぐれていく麻の紐を除けて、蓋を開く。

すると、そこには——。

吉田さんによれば、それは間違いなく飼鳥のサクラであったのだという。

その体躯は一部は潰れ、また一部はどろりと液状と化し、また一部はからからに干からび、また一部はこげ茶色に変色していた。ゴマ粒よりも小さく白い無数の粒が至るところで蠢《うごめ》いてもいた。

そんな酷く変わり果てた状態であっても、僅かに散見される鮮やかなオレンジ色がちらりと混じり込んだ独特の緑色の体毛が、これら小箱の中身がサクラであるということを指し示していた。

予感は――サクラがもう既にこの世にはいないという考えは――行方知れずとなったあの地震の日以降、恐らくずっと吉田さんの中にあったことだと思う。

無理に笑顔を作り、前向きにことを考えようとしても、やはり状況が状況であった。

いつかはサクラの死と直面することになると、きっと吉田さんは胸の奥で覚悟を決めていたはずである。

とはいえ、こうも唐突且つ理不尽にその無慈悲な現実を突きつけられることになろうとは、全く予期していなかったのであろう。

電話越しに聞こえてくる吉田さんの発する言葉の数々は、それはただ「悲痛」や「沈痛」、或いは「恐怖」や「畏怖」などという一言だけでは言い表せない、激しい震えと掠れ、そして乱れを伴ったものであった。


行方不明となっていた吉田さんの飼鳥が、何故そのような小箱の中へと押し込められていたのか？　より詳細にこれらの状況を伺いたい気もするが、小箱の中を見た瞬間の吉田さんの心情を思うと、あまり無遠慮にあれこれと詮索することがどうにも憚《はばか》られ――。

従ってこの件については、これ以上深くは追及できないまま、今に至っている。

封鎖トンネル

中村さんは高校生の頃、電車で通学していた。途中に山があってトンネルが二つ並んでいる。一方は現在の鉄道トンネル、もう一方は出入り口が金網で封鎖された旧トンネルである。その周辺は心霊スポットになっていたが、彼女はそれまで特に怖いと思ったことはなかったという。

梅雨時の夕方、彼女はいつものように帰りの電車に乗っていた。午後七時近かったが、外はまだ明るい。電車がトンネルに入って、やがて外へ抜ける。

と、そのとき、たまたま旧トンネルのほうを見ていた中村さんは、封鎖された入り口の前に立つ異様な人影を目撃した。

それは長身で黒っぽい衣服の上下を身に着けていて、首がなかった。片足も太腿の辺りからズボンごとないのだ。にも拘わらず、こちらを向いて直立の姿勢で立っている。

中村さんは驚いて悲鳴を上げそうになったが、電車はすぐにそこを通過してしまった。

怯えながら帰宅した彼女が家族にこのことを話すと、母親は真面目な顔をして話を聞いてくれたものの、父親は笑い出した。

「誰かがいたずらで、案山子《かかし》でも置いたんじゃねえのかい」

ところが、晩夏になって……。

父親が苦い薬でも飲んだような顔で帰宅し、中村さんにこう告げた。

「前にお前が言ってた話な、あれ、本当だったみたいだ」

父親は建設会社の社員で、このときは山間の公共工事に従事していた。辺りが明るいうちに作業が終わり、トラックで現場から引き揚げる途中、たまたま例の旧トンネルに突き当たる道を横切った。彼はトラックの助手席に座っていたのだが、ふとトンネルの入り口に目をやると――。

その手前に、首と片足のない人影が直立した姿勢で佇んでいるのが見えた。だが、やはり父親はマネキンか何かに衣服を着せた案山子だろうと考えたそうだ。

「ははあ、あれがそうか」

父親は運転していた同僚にトラックを路肩に停めるように指示して、事情を告げた。

「いたずらかどうか、確かめてやろうぜ」

剛毅《ごうき》な二人がトラックから降りると、案山子らしきものが同じ姿勢のまま、後方へ移動してゆく。手足を全く動かさず、地面を滑るような動きであった。そして入り口を封鎖していた金網を突き抜けて、トンネルの内部へと姿を消していった。

父親と同僚は驚き、金網に近付いて中を覗いたが、真っ暗で奥のほうは何も見えない。

金網に破れ目はなく、入り口は完璧に塞がれていた。

それでもまだいたずらの可能性もあると思って辺りを捜してみたが、誰もいない。父親と同僚が顔を見合わせて首を傾げた、次の瞬間であった。

「うっ、何だ？」

トンネルの奥のほうから、蛾の大群が飛び出してきたのである。

コウモリガ、ヤママユ、シンジュサン、シロシタバ、ベニシタバ、キシタバ、ハグルマトモエ、アケビコノハ、エビガラスズメ、シモフリスズメ、ウンモンスズメ、マツカレハ、イラガ、ドクガ、アゲハモドキなど、本来なら夜間に活動する蛾が、金網の隙間や網の目を通過して向かってくる。その数、数百はいただろう。父親と同僚の顔や衣服に留まったり、体当たりをしてくるので払い落としたが、また次々に別の蛾達が飛来する。

「くそっ。気持ち悪《わり》い！」

「駄目だこりゃ！」

幾ら剛毅な父親と同僚でも、これほど多数の蛾が相手では戦意を喪失し、トンネルの前から退散してきたという。

白い池

岡村さんは四十歳を前にして離婚した。

原因は岡村さんが突然、仕事を辞めたことだった。

若い頃、東京に憧れて上京した岡村さんだったが、いつの頃からか都会の騒音やせせこましさ、人間関係の面倒臭さに嫌気がさして逃げ出したくなったのだ。

岡村さんは奥さんに「俺達には子供もいないし、二人で東京を離れて何か新しいことをしようよ」と気楽に言ったが、彼女はそうは思わなかった。

あっという間に夫婦の仲は険悪になり、半年もせずに奥さんは去っていった。

「十年以上連れ添ったのに壊れるときは簡単だなぁ」

岡村さんは自分の無責任さを棚に上げて、そんな風に思ったそうだ。

東京のマンションを引き払うと、岡村さんはS県にある実家に帰った。

「こっちに来てもロクな仕事がないぞ」

我が息子ながら色々と呆れていた実家の父親はそう警告してきたものの、岡村さんは「男一匹飢え死にしなければ職なんて何でもいい」と、至って呑気だった。

ただ、実家には弟夫婦とその子供達が住んでいるので、流石に居づらい。住み家をどうしようかと思案していると、実家から少し離れた場所に一人暮らしをしている叔母から、一緒に住んでもいいとの連絡があった。

叔母はまだ元気だったが、それでも最近は歳を取って一人暮らしは不安になってきたので、是非一緒に住んでもらいたいとのことだった。

叔母の家は以前、農家を営んでいたが子供達は皆、都市部のほうに行ってしまい、旦那さんが亡くなってからは広い平屋に彼女一人だけが特に何もせずに住んでいた。

この朗報に岡村さんは二つ返事で承諾し、すぐに叔母の家に移り住んだ。

そのとき、彼の父親は「姉さんの家か……」と何故か気が進まないようだった。

岡村さんは父親のそんな様子を見て、そういえば子供の頃、自分は何故か近くにある叔母さんの家に行った記憶がないことを思い出した。

「まあ、自由に使ってもらっていいよ。少し広いだけで何にもない家だけど」

岡村さんを迎えた叔母は気さくに笑って言った。

それから暫く、岡村さんは荷物を運びこんだり、役所に行って色々と手続きをしたり、近所に挨拶回りなどをして忙しく過ごした。

職安にも行ったが父親が言うように、岡村さんの納得がいくような職は見つからない。しかし多少の貯えはあるので、のんびり長期戦で構えることにした。

叔母の家に移り住んでから二週間ほど経った。

都会のようにうるさくなく、古いが広々とした地方の家の生活は快適だった。

叔母の買い物や雑用など積極的に手伝ってあげているので彼女との関係も良好、近所の人々も皆優しかった。

しかし、岡村さんには一つだけ気になることがあった。

家で過ごしていると、不意に物凄い悪臭が漂ってくるのだ。

地方特有の堆肥や肥溜め等とはまた違い、魚の腐ったような何とも不快な臭いだった。

「叔母ちゃん、この臭い何処から来るのかな？　たまらないよ……」

ある日、岡村さんは漂ってきた悪臭に対して大げさに鼻を摘まみながら叔母に訊ねた。

すると叔母は「裏庭の奥に古い池があって、そこからくる。私が生まれる前からその池はあって子供の頃からこの臭いを嗅いでいるからもう慣れた」と答えた。

「そんな池があったのか？　今からちょっと見てくるわ」

岡村さんがそう言うと、叔母がやや険しい目付きになった。

「見に行くだけならいいけど、イタズラしちゃ駄目だよ。あそこには昔から主が住んでいるんだ。池にちょっかい出すとね、水底に引きずり込まれるんだとさ」

叔母の唐突な話に岡村さんはやや面食らったが、「そんな、池の主って……昔話じゃあるまいし」と彼女の話を笑い飛ばした。

しかし、叔母は険しい表情を変えずに話を続けた。

「あたしね、子供の頃に池に饅頭を投げ込んだことがあるの。主さんはお腹が減っているから人を引きずり込むんじゃないかと思って。そしたら父親にえらい剣幕で怒られた」

岡村さんが叔母の様子に少し戸惑いながら「叔母ちゃんはその池の主さんという奴を見たのかい？」と訊ねると、叔母は首を横に振った。

「あたしは見たことはないけど、昔からその主さんに喰われるってことで、池に近付く者はいなかった。臭いはすぐに慣れるからあんたも池には近付かないほうがいい」

叔母はそこまで言うと、用があると言って台所へ行ってしまった。

「この文明社会に池の主さんねぇ……面白いじゃないか」

逆に興味をそそられた岡村さんは、さっそく裏庭の池に向かうことにした。

生い茂った藪を縫って裏庭の奥に進んでいくと、すぐに叔母の話していた物と思しき池が現れた。

主なんかが住んでいるから余程大きな池かと思っていたら、直径六、七メートルあるかないかの小振りな円形の池だった。

池の水は白濁して腐っており、どうやらこれが悪臭の原因のようだった。

岡村さんは悪臭に耐えながら、池の周囲を回って辺りを調べてみた。

池の主を祀るような建築物等は見当たらない。

そして他の水源に続いているような水路等も見つからなかった。

岡村さんは長めの枝を拾い、白い池の水面に突き刺して深さを測ってみると、水深五十センチもないことが分かった。

叔母さんの言う、主が住むような池としてはあまりにも貧相だった。

「叔母ちゃんの話はただの言い伝えだろう。それにしても臭い……いっそのこと土をかぶせて埋めてしまうか……」

そんなことを考えながら、岡村さんはその日は家に戻った。


その夜、岡村さんは夢を見た。

やたらと真に迫った夢だった。

夢の中で岡村さんは、窓も出入り口もない、暗く狭い部屋で仰向けに寝ていた。

岡村さんの身体は何故か動かせなかったが、目だけは自由にできた。

強い檜の匂いが鼻をくすぐる。

部屋の中には岡村さん以外にも何かがいた。

それらは複数いて、岡村さんを囲むように座っていた。

「子供か……？」

岡村さんには最初、それらが小さな子供に見えた。

しかし、暗闇に目が慣れてくると、そいつらは子供なんかではないことが分かった。

岡村さんが言うには、「毛のない白い猿」のようだったらしい。

猫背気味な白い猿が、寝ている岡村さんの顔を覗き込んできた。

そいつは頭髪と鼻がなく、目の位置には小さな二つの黒い点が並んでおり、口は顔の半分を占めるくらい大きかったそうだ。

白い猿が大きな口を歪めて笑い、顔を近付けてきたところで岡村さんは目を覚ました。

シャツがぐっしょりと濡れるくらい寝汗を掻いていた。

スコップやらバケツを手に岡村さんは、朝一で白い池に向かった。

「あんな悪臭を嗅いだせいで気味の悪い夢を見たんだ」

岡村さんは叔母に黙って、あの池を埋め立ててしまうつもりだった。

しかし、池の近くまでくると、昨日と比べてその変化に呆然とした。

池の白く濁った水が全てなくなって、池の地面が見えていたのだ。

「一晩で干上がったというのか？」

動揺した岡村さんが水のない池に入り、地表を調べると土はほぼ乾いていた。

何らかの自然現象で水が突然枯れたとしても、一晩で土がここまで乾燥しているのは明らかにおかしい。

岡村さんが更に調べると、池の真ん中の地面から正方形の木の板らしき物が見える。

それには小さな取っ手が付いており、どうやら扉のようで大人一人なら入れるくらいの大きさだった。

岡村さんがやや躊躇《ためら》いながらも扉を開けると、暗くて奥までは見えないが下には空間が広がっているようで、強い檜の匂いが彼の鼻を衝いた。

暗い下の空間に顔を近付け、スマホの明かりを向けて中を確認した。

「ここは、夢の中の部屋だ。檜の匂い……俺が猿に囲まれていたあの部屋だ」

岡村さんは震えながら確信した。

部屋の中にはあの白い猿はいないが、何か他の物が床に並べられている。

スマホの明かりを更に下に向け、床に並べられているものをはっきりと見たとき、岡村さんは思わず息を呑み、危うくスマホを落としそうになった。

頭から足先まで丁寧に揃った白骨死体が、床に何体も並べられていたのだ。

岡村さんは起き上がると慌てて家のほうまで走っていった。

「叔母ちゃん、大変だ。死体、白骨死体が池の下に!!」

岡村さんが裏口に辿り着くと「どうしたんだね？」と叔母が姿を見せた。

叔母の顔は夢に出てきた白い猿の顔をしていた。

猿の顔をした叔母は、大きな口でニンマリと笑った。

それを見た岡村さんは腰を抜かして無言で座り込んだ。

「ちょっかい出すなと言ったろ？」

叔母は元の顔に戻り、カラカラと笑いながら言った。


その直後、岡村さんは逃げるように東京に戻った。

彼の父親から聞いた話だと、叔母も白い池も健在だそうだ。

そして父親は、あの白い池について何も教えてくれなかったという。

忘れられた肥溜め

「隣にね、夜逃げした家があったんですよ」

隣といっても、小寺家から小さくない林と茶畑を挟んだ反対側だ。

子供の頃から回覧板を持っていくのは小寺さんの仕事で、これが厭だった。

「付き合いが全くない訳じゃないんですよ。でも何か陰気というか怖くって。僕は行くの厭でしたね」


本当に夜逃げかどうかも分からない。

どうやら消えたらしいと言い出したのは新聞の集金係だった。

その家は、山を背負うようにして建っていた。

母屋は敷地の一番奥にあり、そこへ着くまでに車庫、納屋、小屋、鳥小屋、それらの間を通る。

幼い小寺君が回覧板を持って玄関へ向かうと、いつも建物の陰から家主が出てくる。

家主は無言で回覧板を受け取って、それっきり。駄賃どころか礼の一つもなかった。

その家は元々、家主と妻、二人の息子兄弟が住んでいた。大分前に弟が忽然といなくなり、それ以来長男と両親の三人のみである。

「東京に働きに出た」と家主は話したらしいが、以来一度も弟を見た者はいない。

詮索をしたがる者も多少はいた。それも時とともに減り、夜逃げ後もせいぜい年寄りの噂になる程度であった。

夜逃げの後、暫くして暑くなってきた頃、近隣で異臭が問題になった。

農家が多く堆肥の臭いは珍しくないのだが、それにしてもおかしな臭いだった。

「どうもあの家かららしい」

大人達は騒然となった。

何人かが見に行ったところ、家屋は蛻《もぬけ》の殻であった。ネズミ一匹おらず、鳥小屋はもう長い間使われていなかった。

異臭の元は、母屋の裏側に少し離れて建てられた便所である。一畳ほどの便所小屋が、屋外に設えられていた。

これは簡易水洗ですらない、垂直落下式の汲み取り式便所、完全なボットン便所であった。

定期的に汲み出して捨てる運用であったものが、夜逃げによって放置された訳だ。

「そのままって訳にもいかないじゃないですか……。汲み取り作業しないと。これには青年団の何人かと、あと近所の三軒からも駆り出されました」

小寺家からは父と、高校生だった小寺君も駆り出された。

曲がりなりにも他人の土地だ。大所帯になったのは、立ち合いと責任分散の意味があったのだろう。無論、誰も率先してやりたがらなかったせいとも言える。


その日、全員が一旦小寺家に集まった。

納屋や車庫の間の道は狭かった。そこを通って問題の家の庭に至ると、臭いは一層きつくなる。

バキュームカーはとても入れない。人力で、長い柄の汲み取り杓を使って作業をするしないのだ。

踏み固められた黒ボク土が剥き出しの庭から家の裏手に回ると便所小屋だ。

一層濃い臭気があった。アンモニア臭である。

「おい、納屋行くぞ」と父が一同に呼びかけ、道具を調達することになった。

一行は暗い納屋を漁り、農薬散布用と思しきゴーグルとマスクを見つけた。汲み取り杓と手頃な桶は納屋の外で見つけた。

ゴーグルは一つしかなかったため、小寺家の父一人で汲み取り作業をすることになった。「俺らはちょっと見回ってくっからよ」と組合の若い衆は、誠司という若者一人を残してぞろぞろと戻っていった。当然見回るべきことなど何もない。体よく退散しただけのことだ。

小寺君も家に帰るよう父に言われたが、父ともう一人の後についてゆくことにした。アンモニア臭が充満した便所小屋での作業だ。窒息の危険を考慮し、ある程度人数がいたほうがよい。

便所に戻り、二人が桶を便所の前に設置すると、父は汲み取り作業のため木の粗末な引き戸を開けて便所に籠った。

便所の電気を試したが、どうやら電気は止まっているようだった。

残った二人は少し離れて待機する。

母屋と裏手の山に挟まれ、辺りは暗い。納屋も古かったが母屋も古い木造だ。同じだけ時間を経た古い便所小屋は、木造とすら言い難い木組みの小屋にトタン屋根を乗せた粗末なものだった。

そのまま数分待っても父が出てこない。

通常なら、すぐにでも外の桶に汚物を移し始めるはずである。

おかしいと思い始めたのと同時に、父が便所から出てきた。

「おい、コレじゃあダメだ。懐中電灯と掴むもん、火バサミか、アレ、持って来《き》」

咳き込み、今にも吐きそうに嘔吐《えず》きながら、父は手を掻くような形にして「アレだ、フォーク」と言った。

誠司は素っ頓狂な声で「ハイッ」と叫んで納屋に走った。出遅れた小寺君は、とりあえず母屋の表に向かった。

母屋の引き戸を開けると、練炭と火バサミ、そして大きな懐中電灯があった。

火バサミと、念の為懐中電灯を持って父のところへ戻り、手渡す。

そこへ誠司が息を切らし、鋤《すき》のような農具を持ってきた。先端が熊手状になった牧草を掻く道具、フォークだ。

父は「上出来だ」とそれを受け取り、作業に戻る。

やがて、便所から何か小さいものが飛び出した。

ドンと重たい音を立てて暗土の上に転がる。

続いてもう一つ、ドンと獣の頭が飛び出す。更にもう一つ、ドン。

何だろう、と近寄るとぐっと臭気が強まる。

白骨化しかけた獣の頭部だった。それが、見る間に五つ地面に転がった。

腐敗が進んでいるが、恐らく犬か、イタチのような生き物だ。

「キツネだ」と、誠司が甲高い声で叫ぶ。

「おい、中にまだまだあっぞ。何事かあっといけねえから。お前ら、組のモン呼んで来」

父の緊張した声色に押され、訳も分からず血の気が引いた。

これは、最悪人間の死体が出ることにも備えろという意味だ。その真意に気付いたのはずっと後のことだが。

小寺君と誠司は走って、下へ行く。

小寺家の先、向こう隣の縁側で、先程の若い衆が酒を飲んでいた。誰かが呼んだのであろう、今日はいなかった者まで集まり、十人以上になっていた。

死骸が出たと伝えると、彼らも血相を変えて立ち上がる。大勢でぞろぞろと戻り、薄暗くなりつつある庭を横切って母屋の裏手に戻った。

便所からは、ドンと未だ死骸が転がり出ている。

口と鼻を押さえ桶を覗くと、強烈な刺激で目が痛み、仰け反ってしまう。

見えたのは一瞬だけ、桶の中はドロドロになった死骸と思しきもので満たされていた。

「おい、浚《さら》い終えたぞ」

便所から出てきた父に、「どうだった」と若い衆が訊ねた。

父は「駐在はいらねえ。あったのはキツネの死骸だけだ。便所ごと埋めちめえ」と答えた。

父はそのまま、臭ぇっ、臭ぇっ、と悪態を吐きながら庭のほうへ去った。

後には十六個ものキツネの頭が残された。

さてどうしようと若い衆らは顔を見合わせていると、再び父が戻ってきた。

何やら様子がおかしい。かなり慌てているようだが、こちらを睨むばかりで何も言わない。

暫し無言で威圧した後、「おい、誰だ。誰がやった」と吠えた。

「誰って一体、何のこと言ってんの、おやっさんよ」

おどけて軽口を叩いた酔っ払いがいたため、父は無言で歩み寄ってこれを殴り飛ばした。

そのまま酔っ払いの襟首を掴んで、母屋の表側へ引き摺ってゆく。

父は庭の上にその酔っ払いを放り、怒声を上げた。

「おい、お前らの中の誰かだろうが」

薄暗くなり始めた庭。

その、踏み固められた剥き出しの黒土の一部が、掘り返されていた。

直径は両腕で抱えたほどの大きさ、そしてそれは存外に深く、膝程まである。

それが、沢山開いている。

その数十六。

ほんの数分前、この庭を横切ったとき、こんな穴は一つもなかった。

それが今、庭は穴だらけになっている。

穴はブツブツと庭中に空いていた。

横に四つ、奥に四つ、等間隔にキッチリと並んで、その数は便所で発見されたキツネの死骸と同じ十六であった。


「肥溜めが大きくても、あれだけ死骸を詰めたらギチギチになっていたのでしょうね」

誰が何の目的でそんなことをしたのかは分からない。

「これこそ偶然でしょうが」と前置きし、現在の小寺さんは言いあぐねる。

「記憶違いかも知れませんけど、そのときその場にいたメンツを思い出すと……」

いいや、やっぱ偶然でしょうね、と小寺さんは苦笑を浮かべた。

その家に住人が戻ることはなかったという。

ゴミ屋敷に住まうもの

松村さんが早朝のジョギングを始めたのは、去年の秋であった。

健康診断の結果、中性脂肪の値がかなり悪く、これは拙いと焦ったのがきっかけである。

体力には自信があったのだが、ほんの五、六分走っただけで息が切れる。

徒歩に切り替えて、呼吸を整えながら辺りを見回すと、公園が目に入った。

滑り台とブランコ、それとベンチが一脚のみの小さな公園だ。

近くの自販機で水を買い求め、松村さんはベンチに座った。

左右にマンション、背後が一軒家である。そのせいか、風も通らず陽も差し込んでこない。

何とも言えず陰気な公園だった。

さて、また歩くかと腰を上げたとき、子供の泣き声が聞こえた。

心の底から悲しげで、聞いているほうが心配になる声だ。

耳を澄まし、場所を探った。背後にある一軒家から聞こえてくる。

松村さんは、そっと家に近付いてみた。

木造の二階建ては、人が住まなくなって随分経つようだ。金属製の表札は吉川昭祐という文字だけが読み取れる。

奥さんの名は裕子。

それ以外の家族の名前も二人分、列記してあるのだが、乱雑に塗り潰されていた。

塗装が剥げたドアに耳を近付けた途端、また泣き声が始まった。

聞けば聞くほど子供の泣き声としか思えない。

けれど、どう見ても廃屋である。暮らしていけるような状況には見えない。

もしかしたら、無断で入った子供に何かあったのではないか。怪我でもしたのでは。

警察に通報しようにも、携帯電話は持ってきていない。そもそも、そこまで大事かどうかの判断が付かない。

見知らぬマンションの住人に呼びかけるのも躊躇《ちゅうちょ》する。

悩んだ挙句、松村さんは自分の目で確かめようと決めた。

念の為、とりあえずドアをノックしてみる。一瞬遅れて、まるで返事のように泣き声が戻ってきたという。

「誰かいますか。子供が泣いているようなんですが」

優しく呼びかけながら、ドアノブに手を掛ける。幸いにも鍵は掛かっておらず、あっさりと開いた。

開いたのは良いのだが、そこから一歩も進めそうにない。

床から天井までびっしりとゴミで埋め尽くされていたからだ。

言葉を失い、呆然と口を開けていた松村さんは、あることに気付いた。

じゃあ、子供はどうやって入ったんだ。

小さな子供ならゴミの山を登っていけるのかもしれないと思い、再度ゴミの山を調べてみた。

僅かな隙間はあったのだが、大人の入れそうなスペースではない。

松村さんは他の手段を模索しながら、一旦外に出ようとした。

そのとき、またもや子供が泣いた。心なしか、先程よりも近くにいる。

呼びかけに気付いたのだろうと判断し、松村さんは再び呼びかけた。

「どうしたの。何処か怪我でもしたのかな。大丈夫だから、こっちにおいで」

泣き声が着実に近付いてくる。良かったなと思いつつ、松村さんは何か違和感を覚えた。

こんなにギッシリとゴミが詰まっているのに、この子はどうやって移動しているのか。

隙間を通ってくるにせよ、ゴミが全く動かないのは何故か。

考えあぐねるうち、泣き声はまた少し近付いてきた。

まっすぐに進んでくる。異様な速さで移動してくる。

自分がいるところまで残り数メートル。

松村さんは、それ以上耐えきれずに外へ飛び出した。

ドアを閉めようとした瞬間、泣き声がぴたりと止まり、小さく舌打ちする音が聞こえてきた。

転びそうになりながら家を飛び出し、松村さんは公園に戻った。

外に出て初めて、自分の身体が異様に冷たくなっていることに気付いたそうだ。

走って逃げ出した松村さんは、最後にもう一度だけ振り向いた。

確かに閉めたはずのドアが、ほんの少し開いている。

長い髪の女が、顔の右半分だけ出して松村さんを見つめていたという。

橋の下

菜摘さんが小学生のときの話である。

彼女の自宅近くの川に、新しく橋が架かった。小学校に上がってすぐの頃から架橋工事は続いていた。その間、どんな橋になるのか気になっていたので、開通したという話を聞きつけて、友人と一緒に学校帰りに遊びに行くことにした。

河川敷に降りて見上げると、コンクリートの橋台の上に、真新しい鉄の橋が乗っている。時折その上を自動車が通り抜けていく。

眺めているうちに、いつの間にか友人の一人が盛り土から橋台に登ったらしく、コンクリートの塊の上からこちらを見下ろして、おーいと声を掛けてきた。

その友人の後を追って、菜摘さん達も我先にと橋台の上に移動した。頭のすぐ上に鉄橋が架かっている。

「これさ、子供なら入れそうじゃない？」

一人が指さした。確かに橋の本体と橋台との間に、橋を支える黒い部品が挟まっている。

大人になった今なら分かるが、免震用のゴム材だ。それが挟まっている関係で、子供くらいの体格なら、潜り込める高さで隙間が開いていた。

四つん這いになって皆で中へ入っていくと、鉄橋の下には鉄の壁で等間隔に仕切りがされ、幾つもの四角い小部屋が作られていた。

河川敷に犬の散歩をしに来るような大人達からは、高さのある橋台が邪魔をして自分達の姿は見えない。これは大人に隠れて遊ぶに良い物件だ。

その日以来、菜摘さん達は、橋の下を〈秘密基地〉と呼び、毎日のように遊びに行った。

そんなある日、秘密基地の小部屋で他愛もない遊びをしていると、そう遠くない位置から聞き覚えのない音が耳に届いてきた。

人が呻くような声と、何か重いものを引き摺るような音、それらが混ざったものが鉄製の壁の向こう側をゆっくり移動している。

友人と耳を澄まし、息を殺しながら薄暗い中で音のする方向に意識を集中する。

その音は徐々に近付いてきて、目の前の仕切り壁のすぐ裏で止まった。

菜摘さんは音の正体を確認しようと、じっとそのまま息を殺し、視線をそちらに向けていた。

隙間から薄汚れた手が入ってきた。大人の手だった。

そうか。誰か工事の人が様子を見に来たんだ。

だが、大人が入れるような隙間ではない。このままじっと身を竦めていれば、見つからないで、何も怒られずにやり過ごせるかもしれない。

だが、その汚れた手は、まるで匍匐《ほふく》前進でもするような形で、徐々に菜摘さん達が身を寄せ合っている側へと伸びてきた。

手の先から肘、肘から頭と、無理やり押し込むようにして、腹ばいでこちらに入ってこようとしている。隙間から見える頭髪は短く刈り込まれ、半ば白いものが混じっていた。その髪の毛も、砂埃と乾きかけた黒い液体で汚れている。

相手が父親よりも上の年齢の男性だと理解した。

そして、男性の顔面がだんだらに染まっているのも分かった。

合点がいった。この人は頭に酷い怪我を負っているのだ。そう思って見れば、頭の前後が半分ほどの高さに潰れている。その頭が小部屋に入ってきた。

全身が総毛立った。

恐怖に身体が動かない。友人達も同じようだ。皆で寄り添って壁際に固まっていると、その男性は呻き声を上げながら両腕で上半身を反らし、身体を壁の隙間から引き抜こうとした。

二、三度体を強く左右に振った後に、男性はどすんと音を立てて小部屋に入り込んだ。

男性には下半身がなかった。腰から下が切れてしまっているのだ。

逃げなきゃ。今すぐ逃げなきゃ。

心ばかりが焦る。しかし狭い隙間からは子供であってもスムーズに逃げることはできない。焦っていればなおさらだ。

どうしよう。どうやって逃げよう。

目の前の男性からも目が離せない。襲い掛かってくるかもしれないと思ったからだ。

「俺の足は何処だぁ！」

突然の叫び声が耳を劈《つんざ》いた。その声が合図になったように、子供達は全員が叫び声を上げながら、外に続く隙間へと殺到した。

外へ、一目散に外へ！

だが、一瞬出遅れた菜摘さんは、気付くと小部屋に取り残されていた。前の子が抜けていった隙間に頭を差し込み、必死になって出ようとしたが、足を掴まれて引き摺り戻された。

振り返ると血まみれの顔が目の前にあった。逃れようと必死で身体全体をバタバタさせる。

先に外へ出た友人が心配して隙間から手を差し出してくれた。しかし、その指先に手を伸ばしても、自分の指はあと少しのところで届かない。

菜摘さんは、その人が入ってきた側の隙間へと引きずり込まれそうになっていた。

「お前の足を……」

不意に耳元で声がした。

「……お前の足をくれ」

このままだと、自分もこの人みたいに、腰から下を切られてしまう。

そう思って、逃れようと必死にもがいていると、誰かが手を掴んで引っ張ってくれた。なかなか出てこない菜摘さんを心配した友人が、再度潜り込んで助けに来てくれたのだった。

そこから先は、どうやって逃げたのかは菜摘さんの記憶には残っていない。気付くと橋の欄干のたもとで、友人が心配そうに自分の名前を呼んでいた。

ほうほうの体で家に帰ったが、菜摘さんの両足は、その夜から原因不明の腫れと痛みで歩くこともままならなくなった。病院で診てもらっても、医者は首を傾げるばかりである。

それは一週間続き、その間、菜摘さんは学校を休むことになった。

後日、友人が〈橋を建設中に不慮の事故で亡くなった作業員がいる〉という噂を聞きつけてきた。だが、あの下半身のちぎれた男性が、その作業員だったのかまでは分からない。

防空壕

七海さんの通っていた小学校のすぐ近くの斜面には、幾つもの防空壕が口を開けていた。防空壕は柵がされていて入れないものもあったが、柵も何もなく奥まで入れるものもあった。

七海さんは、学校帰りによくその中に入って友人達と遊んでいた。

洞穴のような地形が物珍しかったこともある。まるで友達同士の秘密基地を持ったような少しの背徳感を抱きながら、探検遊びをするのが通例だった。

防空壕の入り口側は陽の光が差し込むが、奥のほうは暗い。友達が家から懐中電灯をちょろまかしてきたので、奥のほうまで行って懐中電灯の明かりを消し、真っ暗な闇を楽しむと行った遊びもした。

ある日、いつものように防空壕で遊んでいると、ふと何か厭な気配を感じた。体質というのだろうか、幼い頃から厭なものに出会いそうなときには、そんな感覚を覚えるのだ。

「今日は早く帰ろうよ」

不安感に背中を押された七海さんは、穴の奥で遊んでいる友人を促した。しかし、遊びに夢中な友人は、大丈夫だよ！　と繰り返した。

仕方なく、七海さんは出口の近くで待つことにした。手持ち無沙汰だったが、友人を一人置いて帰宅する訳にもいかない。防空壕の前庭で、ぶらぶらしながら木の実を拾ったりしていた。

五分か十分か。そんなものだったはずだ。暫くすると中から友人の悲鳴が聞こえた。

先程の不安が的中してしまった。駆け出した七海さんは、友人のいる穴の奥を目指した。

元々虫や小動物に怯えるような友人ではない。ではあの叫び声は何だろう。

友人の身を案じながら、同時に彼女の悲鳴の原因を思い描こうとした。

多分、普段とは違う〈余計なもの〉が防空壕の奥にいたのだ。

手掘りの防空壕は、途中から折れ曲がっており、陽の光はもはや届かない。だが、奥のほうで地面に転がった懐中電灯の明かりが見えた。

それを頼りに進んでいくと、足元からうわんうわんという音が立ち上がり始めた。反響音のようだが、普段は聞いた覚えがない。

音は防空壕の奥へと進むに従って、少しずつ内容がはっきりしてきた。

悲鳴や泣き叫ぶような声。怒号。それらが入り混じった声だ。

恐怖、怒り、諦観。無念。

七海さんは耳を覆った。

防空壕の最奥に、友人がうずくまっていた。その足を子供が細い腕で掴んでいた。頭を低くし、這いつくばるような姿勢だ。その頭をボロボロに古びた防災頭巾が覆っていた。

実在の人間ではない。お化けだ。心がざわつく。

逃げないと。今すぐ逃げないと。

「行くよ！」

七海さんは友人の手を引っ張った。友人は震えていた。

彼女はうんうんと二度頷いて立ち上がった。そのまま入り口のほうに向かって一目散に走り出した。

あ。懐中電灯！

足元に転がっているそれを拾おうとしたときに、先程の子供と目があった。

だが、その子供が具体的にどんな表情をしていたという記憶はない。

何か酷く怖いものを覗いたという記憶だけが残っている。

二人はやっとの思いで防空壕を出た。

今体験したことを話す気力はもうなかった。

「帰ろ」

絞り出すようにして友人に声を掛けた。

七海さんはランドセルを抱えて防空壕を振り返った。防空壕の暗がりの中に、無数の人影が蠢いていた。

大人、老人、子供達。

その人影達は不安そうな、何処か怒ったような顔で、こちらを見ていた。

それ以降、七海さん達は防空壕に近寄ることはなくなった。だが、まだ多くの他のグループは相変わらず防空壕遊びをしていた。

そんなある日、あるグループが遊んでいるときに防空壕が崩れ、数人が生き埋めになる事故が起きた。その事故で、小学生一人が亡くなった。

事故に遭った子に話を訊くと、中で車座になってコックリさんをしていたと答えた。沢山の人影が出てきて、皆が手や足を掴まれたという。動けなくなってもがいているうちに周りの壁が崩れ、逃げられなかった。

きっと自分が助かったのは、運が良かったから。死んじゃったあの子は運が悪かったから。それだけ。

彼女はそう言うと、しゃくり上げるようにして泣いた。

それからは学校でも、防空壕には近寄らないようにと注意された。一年を経ずに、全ての防空壕に柵が立てられ、中に入ることはできなくなった。

防空壕のあった場所は、土地の形状は当時の面影を残しているが、今は戸建てやマンションなどが立ち並ぶ住宅地になっている。その一角には大きな石碑が立っている。

雨の後

高坂さんは某県にある、小さな集落の出身だ。

進学を期に家を離れた。その後就職、結婚。定年後の現在は同県内中心地の市街地近くで暮らしている。

集落は北部の県境。山奥の不便な場所にあり、もう身内は誰も住んでいない。長いこと足を運んでいないため、現在どうなっているのか等の詳細は不明だ。

当時、高坂さんがまだ集落で両親と暮らしていた頃。小学校高学年の頃の話になる。

その年の晩夏。前日から降り続いた激しい雨が、夜になって漸く止んだ。

ほっとしたのも束の間。集落に岩が転がり落ちるような激しい音が響く。これまでに体験したことがない音と揺れに驚いた。

何事かと思い人々が表に出ると、集落の傍の山が大きく崩れている。崩れた土砂は、近くの民家を数軒飲み込んでいた。

幸い、高坂家は無事だった。

近くの――といっても車で随分掛かる場所にある消防へ救助の要請はしたが、来るのがいつになるか分からない。集落までの道も、山が崩れ一部道が塞がれている可能性があるとの情報があったからだ。

その情報通り、幾ら待っても救助は来ない。

暗い中、生存者を探そうとできる範囲で努力したが見つからない。

明るくなり被害状況を確認する。山崩れに巻き込まれた家は、崩れた土砂や木で完全に埋まっていた。

飲み込まれた人間達の生存の可能性は低いのではないか。もう手遅れではないか。そんな空気が漂う。

最悪の状態で、集落は完全に孤立した。


土砂に埋まった家は三軒ほど。過去にこの辺りで山が崩れたことはなかった。被害に遭った家の前で誰かがポツリと呟く。

「生き埋めのままでは可哀想だ。放っておけない」

無事だった家の大人達は、自分達で住人を出してやろうと思った。

大人達は倒れた木や瓦礫《がれき》の山を除け、埋まっている人達を探した。何度も手を止め、名前を呼んでみたが返事はない。

一人、また一人と犠牲者が見つかり始める。生存者ではなく死体を探す作業に皆、無言になった。

見つかった遺体の数は十を超える。土砂に飲まれた家の家族は全員亡くなっているようだ。まだ見つかっていない人もいるが、これ以上は無理だと判断した。

遺体の顔に付いた泥を拭いてやる。口や鼻の中まで泥だらけな姿を見て、言葉が出なかった。すぐに葬儀を行ってやりたいが、それは難しい状況だ。かといって遺体をこのままの状態で並べておく訳にもいかない。

遺体をどうするか。皆で考えた。

集会所はどうかとの案も出たが、避難所として使っている。

せめて平坦な場所に――そう考えると近くの道に並べておくしかない。運べる距離にも限界があり、遠くまでは動かせない。

結局、遺体は崩れた家の前を走る道の端に並べられた。上から蓆《むしろ》をかぶせてやり、手を合わせる。

淡々と行われる作業。高坂さんは遠くから黙って見ていた。

後日。

高坂さんは母親から近隣の家に言伝《ことづて》を頼まれた。

こんなときだったが、急用だという。両親は手が離せないと申し訳なさそうに言った。

少し距離があるものの、子供の足で歩いていってもそう遠くはない。戻るときには暗くなるかもしれないが、慣れた道だ。

いつもだったらそれほど厭だとは思わなかったが、今回は違う。

その家に行くには、あの遺体を並べた道を通らなければならなかった。

「少しでも早く出よう」

明るいうちに済ませて戻りたい。暗くなってからあの道を通ることだけは、絶対に避けたかった。


家を出てまっすぐ目的地へと向かう。

(もう少しで、あの場所に出るなぁ)

並べられた遺体のことを考えると、何度も足が止まった。それでも前に進んだ。

あの場所はすぐそこだ。こう思ったところで、前方に人が立っているのが見えた。

ざっと数えて、十人以上いる。

「誰だろう」

まだあの場所に人が残って何か作業でもしていたのかもしれない。一人ではないと高坂さんは安堵した。

徐々にその人達との距離が縮み始めると、相手の姿がはっきりしてくる。そこで足がぴたりと止まった。

全員がぼんやりと立っているだけで、動かない。身体は泥だらけだ。中には蓆を被った人もいた。

身体の関節がおかしな方向を向いた者もいる。表情は虚ろ。着ている服も酷い状態だ。

一つだけ確かなことは、全員が山崩れで埋まった人達だった。

――死体が、立った。

そこから高坂さんは来た道を引き返した。言伝どころではない。戻ってからも何を見たかは話せなかった。

次の日。明るい時間にあの場所を通りかかったが、遺体は蓆が掛けられたままそこに横たわっていた。

四号黒電話

飯田さんは古民家を改造した喫茶店を始めた。

昭和四十年代をイメージしたとのことで、家具や調度品も当時の物を探し求めたという。

相談に乗ってくれた店で、殆どの品が調達できたのだが、電話の在庫が無かった。

当時の一般家庭で使用されていた黒電話、いわゆる四号黒電話である。

仕方なく、オークションサイトを検索したところ、意外にも多数が出品されていた。

現在の光回線で使用可能なように改造されているものもある。

飯田さんはそこまで求めていなかった為、状態と価格を考慮し、適当な物を選んだ。

対応の早い出品者らしく、たちまち送られてきたそうだ。

丁寧過ぎるほど厳重に梱包された黒電話は、画像通りの美品である。

早速、店に置いてみる。何とも言えず素晴らしい。

良い買い物をしたと満足気に頷いた瞬間、黒電話が鳴りだした。

「いや、回線繋いでないし。繋がなくても鳴るのか。そういう仕掛けなのかな」

誰に言うでもなく呟きながら、飯田さんは電話が鳴り止むのを待った。

が、一向に止まろうとしない。持ち上げて調べてみる。

スイッチや電池ボックスらしきものは見当たらない。

その間もずっと、電話は鳴り続けている。

この辺りで徐々に怖くなってきたという。

何故鳴るのか。もしも電話に出たらどうなるのか。

結局、飯田さんは好奇心に負けた。そろそろと受話器を上げ、そっと耳に当てる。

「もしもしっ、もしもし！」

男性の声だ。酷く焦っている。

「父さん、ヒロキだ、助けてくれ！　家が土砂で埋まっちまった、ヨシエとサキが部屋ごと潰されて、俺も出られそうにない」

必死に助けを訴える声は、いきなりプツンと切れた。

その後は何の音もしなくなった。

それからも時々、電話は鳴った。決まって大雨の日である。

四度目に鳴った時、飯田さんは思い切って電話に話し掛けた。

「すいません、番号間違ってますよ」

それ以降、鳴らなくなったという。

グルクン玉

沖縄県在住の平仲さんは、スキューバダイビングを趣味として三十年間続けている。その年、沖縄県内では例年よりも観光客の水難死亡事故が多発しており、警察、消防、海上保安庁が注意を呼びかける日々が続いていた。

夏の晴天の日、平仲さんは大潮の引き潮を利用して、沖合に流される方法で海に入った。

これなら泳ぐことなく数キロ沖合まで到達できる。珊瑚《さんご》礁の海は遠浅で、そこまで進んでも水深は八メートルほどしかない。

生き物を探していると、図らずもこの辺りでは二十年近く見ていなかったアオウミガメが現れた。見慣れているアカウミガメよりも遥かに大きい。平仲さんは嬉しくなって、追跡しながら写真撮影を行ったが、アオウミガメの動きは速くてすぐに行方を見失った。そして夢中で追いかけた結果、過去に潜った覚えがない場所まで来ていることに気付いた。

水中で四方を見回すと、リーフ（珊瑚礁でできた浅瀬）から外の、急に深くなった場所に直径四メートルはありそうな黒い玉が見えたという。

（グルクン玉だな）

この時期には、沖縄の方言でグルクン（タカサゴという三十センチほどの魚）と呼ばれる魚が群れを成し、巨大な〈魚群玉〉を作る。二十メートルは離れていたが、平仲さんは撮影するべく、静かに近付こうとした。

しかし、〈魚群玉〉は逃げるように沖のほうへ移動を始めた。

平仲さんは追いかけたが、四十メートルほど泳いだにも拘わらず、黒い玉の動きは速くて一向に近付くことができない。こんなことは滅多にないので、変だな、と思いながら下を見ると――。

いつしか海底が見えないほど、深い場所に来ていた。陸地から遠く離れた沖合にいることは確かである。

と、そこへ――。

今度は黒い玉がゆっくりと、こちらへ近付いてきた。

更に玉は縦に長く伸びて、円柱状の渦巻きになってゆく。

グルクンは水揚げされて死ぬと赤くなるが、生きているときは青い魚体に黄色の縦帯が入っていて美しい。従って、グルクン玉なら近くで見れば青く輝いているはずなのに、それは何処までも真っ黒な渦巻きの柱であった。しかも大変な速さで回転している。

（しまった！　俺はあれに呼ばれていたんだ！）

平仲さんは全身に悪寒が走り、鳥肌が立つのを自覚した。必死に泳いで浅瀬へ向かう。

振り返ると、黒い渦巻きが大きく広がりながら速度を上げて追いかけてきていた。

後ろへ引き寄せられそうになる。まるで小さなブラックホールだ。

平仲さんは全速力で逃げた。

再び振り返ると、それは七、八メートル後方まで迫っていた。

(もう駄目だ！　呑み込まれる！)

死を覚悟したとき、漸くリーフの内側の浅瀬に辿り着いた。海底が見えるようになったことで、

(逃げ切れるかもしれない)

助かる望みが出てきたように思えた。そこでまた振り返ると——。

嘘のように黒い渦巻きの柱が消えていた。

あれほど接近していたはずなのに、何処にも見当たらない。もしもグルクンの群れだったとしたら、厖大《ぼうだい》な数のグルクンがまだこの近くを泳ぎ回っていることだろう。

だが、一尾も発見できなかった。

平仲さんは浅瀬を引き返して浜辺に辿り着いた。上陸してからも長いこと身体の震えが

止まらず疲れ切っていたが、無事に帰宅することができた。

過去にも海流の影響や器具の故障、危険生物との遭遇などから恐怖を感じたことはあったものの、こんな経験は三十年間潜っていて初めてのことだったという。

おまけに数日後のこと。

友達の海人《うみんちゅ》（漁師のこと）にこの話をしたところ、

「お前、運が良かったなぁ」

同じ日に同じ海域で観光客の死亡事故が三件も発生していたことを知らされた。

「溺れ死んだ一人の連れが、浜で騒いでいたんだよ。『大きな黒い柱みたいなものが襲ってきて、仲間が引き込まれた』ってさあ」

その翌年も、泳ぎを得意にしていた地元の男性が一人、同じ海域で溺死している。

平仲さんはこの海域に潜るときは、絶対にリーフの外へは出ないことにしたという。

＊　＊　＊

『グルクン玉』の一件が起きた翌年、春先のこと。平仲さんの会社に、ある会社から自社ビルの年度末発注工事の依頼があった。給湯室とトイレの全面改修だが、営業時間中は大きな音を出す訳にはいかないため、夜間に工事を行うしかなかった。

平仲さんは昼夜が逆転した生活になかなか馴染めず、寝不足で作業中に足元がふらつくこともあった。それでも休日になると趣味のスキューバダイビングがやりたくなり、昼頃から車で海へ向かった。

その途中、海岸近くの国道の交差点で信号が赤になったので車を停めた。国道といっても郊外のことであり、他の車はあまり通っていなかった。

何げなく前方を見ていたところ、道路の上がおかしい。空中に幾重もの断層のようなものができて、横向きに渦を巻いている。それが見る間に大きくなり、回転が速くなってきた。渦の真ん中に黒い柱のようなものが現れ、たちまち上に伸びてゆく。

交差する道路を走ってきた車が一台、渦に巻き込まれて大きく揺れた。ハンドルを取られかけたのか少し蛇行したが、何とか通過していった。強い風は吹いておらず、竜巻やつむじ風の類とは思えなかった。そもそも風の音がしていない。

(やっぱり疲れが残って、俺の目が回っているんだろうか?)

事故に遭っては敵わないので、平仲さんは一旦国道から外れて細い道に入り、車を停めて暫く休むことにした。

車から降りると、何度か深呼吸をして目が回っていないことを確認する。国道へ戻ったとき、渦巻きも黒い柱も見えなくなっていた。

(もう大丈夫だろう)

安心して海へ向かう。

だが、スキューバダイビングではなく、浅瀬で軽く素潜りをやっただけで家に帰った。

その夜、テレビのニュース番組を見ていると——。

夕方頃、国道の交差点で大きな事故があり、死者が出たことが報道されていた。昼間通ったあの交差点だ。平仲さんの脳裏に例の渦巻きと黒い柱が浮かんで、激しく回転を始めたが、

(あれは俺の体調のせいだ。関係ないさあ)

と、気にしないことにした。


後日、工事が終わって竣工祝いがあり、平仲さんはその会社の役員達と酒を飲んだ。

そこで副社長がこんな話を始めたのである。

「この前、不思議なことがあってさあ……。国道の交差点で妙な渦巻きに巻き込まれて、危ない目に遭ったんだ。同じ日にそこで死亡事故があったというから、ぞっとしたよ」

平仲さんはその会社の人々には先日の体験を話していなかったので驚いた。実は向かった方角こそ違ったが、副社長は同じ日のほぼ同じ時刻にあの交差点を通過していた、とい

うのだ。

「じゃあ、あのときの車が……。それ、私も見ましたよ！」

平仲さんは例の渦巻きと黒い柱が疲労による目の錯覚ではなく、実在していたことを確信した。とはいえ、彼には運悪く事故で亡くなった人々の冥福を祈ることしかできなかった。

沖縄県には〈シチマジムン〉という妖怪の伝説がある。大きな柱のような形をしていて、地面から天にも届かんばかりに直立する。押さえられれば確実に死ぬとされ、数多いマジムン（化け物、魔物）の中でも最も恐ろしい存在と伝えられている。

平仲さんは、海中と地上で目撃したもののどちらか、或いはその両方がシチマジムンだったのかもしれない、と思ったそうだ。

売却 〜奇譚ルポルタージュ〜

片岡氏は憂う。

今、日本の土地が海外資本に買い叩かれていることを、だ。

特に〈過疎地域〉や〈特殊な場所〉を含む所が格好のターゲットになっている
それぞれ水源や国内重要施設周辺などが含まれていることも多い。

何故そんなことが起こっているのか？

彼から理由は色々聞いたがここでは割愛する。一つ書けば、日本という国の根幹に関わりかねない大問題へ発展する可能性もあるということだ。

曰く「一度（日本人が土地を）手放してしまえば全て手遅れになる」。

権利関係の複雑化に加え、相手は絶対に手放さない。取り戻すことが難しい。

どうして片岡氏はこの問題について興味を持ったのか。

きっかけは周りの人間から入ってきた話を聞いたことだ。

これから書き記すのは、彼から聞くことができた一連の事件についてである。

ただ、話者である片岡氏の詳細は省かせて頂く。御承知願いたい。

事の始まりは、片岡氏が日本の北のほうにいた頃だ。

前出の〈海外資本が日本の土地を買い叩く〉ことがまだ風の噂であった頃でもある。

各方面から〈海外資本による異様な土地売買〉の件を耳にするようになった。

それも近隣の地域の話だ。興味を持ち、事の次第を知る人に色々質問を繰り返す。聞けば聞くほど、これらには何か裏にあるのではないかと勘が告げる。

軽い気持ちで個人的に調査を始めた。

調査と言っても本格的なことではない。各種資料を読んだり、ネットで調べる程度である。そもそも仕事でもないのだから当たり前だろう。ただ〈真実〉を知りたかっただけだ。

知識が増えるにつれ、この国に何かが起こっているのではという懸念が沸き上がった。

自らの目で見なくてはならない。そこで彼はフィールドワークを行うことを決めた。

情報元から現場となっている場所を幾つか訊ね、一番手近な場所に目星を付ける。

そこは俗に言う限界集落で、年齢別人口割合で言えば老人が過半数を占めている所だ。

老人と言えば事情通も多いはずだ。だから聞き込みには最適だと考えた。

その集落へ休日を利用して何度も足を運んだ。

現地に入って最初の印象は、空き家の多さだろうか。

辺りをぐるりと回れば、鉄条網などに囲まれた一角が目に入る。また、その周りには気になる看板が多く立てられていた。

書かれているのは企業名と〈私有地につき立ち入り禁止〉であるが、ところどころに英語と他の言語も併記されている。

周りを見渡した。言っては悪いが、そこまで魅力的な場所ではないように思える。

一体どのような会社が、何の目的で買うのだろうか。

聞き込みをしようにも歩いている人は少ない。よしんば訊くことができても、相手によって反応はまちまちだった。

自分達が住む土地が誰に買われようが関心のない人もいれば、見知らぬ人間に購入された土地を見て、訝しんでいた人もいる。

方々を歩き回り、少し詳しい人をやっと捕まえることができた。

「企業の保養地や、プライベートで楽しむ施設を作るとは聞いた。しかし土地を買ってから今の今まで何も工事が始まっていない」

土地購入から既に年単位で放置状態と言う。

「そもそもあの周辺は○○さんの物だったはずだが、既に本人は死んでしまっている。相続は息子になると思うのだが、息子も行方知れずになっていて、二十年は姿《それ》を見ていない。

それなのに、突然売れてしまった」

購入主は海外の会社であった。

地道に調べて分かったが、購入された土地の多くに共通点があった。元の持ち主が老人、或いは既に死去しているようなケースが多々見られたのだ。

中には死亡していた持ち主からその間に幾つもクッションを入れ、土地権利の流れが複雑化している事例もある。はっきり言えば、かなりきな臭い。

何度も調べるうち、片岡氏はある共通項に気付いた。

(海外資本に買われた場所は周辺を含め、何処も土地が荒れ始めている)

人が手入れをしない土地は荒れる。当たり前の話だ。

が、彼が言う荒れる、は更に別のニュアンスも含む。

荒《すさ》んでいるのだ。

買われた土地の周りでは不審者注意の看板や掲示板がかなり目に付く。

以前より犯罪が増加したと耳にすることも少なくない。

加えてこの数年で周辺住民が一気に減っていったという証言もあった。

他県への流出もあれば、死去のケースもある。ただし、それは異様なペースだった。引っ越しもだが、葬式の頻度がかなり多かったらしい。

犯罪や住民流出の時期は土地が売られた後からのようだ。

これらの事実を目の当たりにしながら何カ月も現地調査を繰り返すうち、ふと気になる物を目にするようになった。

引っ越しや死去で空いた家や他の場所で、不審な物を発見するのだ。

それには幾つかパターンがあった。

一つは不審なシールだろう。

長方形で色は白。模様や文字がない物が大半だ。幾つか模様入りもあったが、日焼けのせいか、それとも風雨に晒されたせいか、かなり色褪せている。模様そのものはトライバル柄の変形した物にも思えた。

シールの大きさは名刺サイズからはがきサイズまで様々だ。

貼られていたのは門扉や周辺の電柱、通りに面した壁面、家屋の外壁等になる。高さや位置に法則性はない。どうしたことか、剥がれかけたものはほぼなかった。

もう一つは建造物に文字や漢数字などが彫り込まれているケースだった。

いや、彫られたと言ってもさほど深くない。細い釘か何かで引っ掻いたような程度だ。

文字は外国語か。日本語ではない。記号のようなものも含まれている。

彫られる対象は木造の壁や家屋であり、こちらも場所はランダムだ。

数カ所では、彫った上から何度も爪か指で擦ったような跡すら見て取れた。消したかったのか、それとも他に意図があるのかは分からないし、知りようがない。

他には、寺社やそれに類する場所でも問題を発見している。

ペンキや油分を含んだ何か（オイルステインらしき塗料に見えた）で、壁などに矢印やバツが描かれていたのだ。まるで汚す・穢すを目的にしているようにも感じられた。

対象は路傍の小さな地蔵尊も例外ではなく、かなりの執拗《しつよう》さを感じたことは否めない。

また、ところどころで壊れた社や神仏の像なども目の当たりにした。

これらの犯人は見つかっていないと言う。

後に分かったが、その何カ所かは近くには御利益がある湧き水や小さな滝など〈水に関する神聖な場所〉が存在していた。

（どれもこれも、何か、狙ってやっているのか？）

片岡氏は簡易的な地図を描き、その上に注釈と言う形でそれぞれを書き残した。

どういう痕跡が残されているか。どういった有様だったかなど簡単に記す。

データが溜まってきた所で仮説を立ててみるが、半端な法則性しか見い出せない。

彼が頭を悩ましている最中、少々気になることが起き始めた。

無言電話や迷惑メールの増加である。

電話は固定電話と携帯の両方に来た。

非通知だが、留守番電話へ切り替わった場合は一分に満たない通話音声が残る。再生してみれば何も話さないまま切れる。何度か聞いてみると背後に何か音があることが分かる。が、それが何であるのか、何が発している音なのか皆目見当が付かない。

迷惑メールはおかしな日本語が大半で、必ず〈下記URLをクリック〉があった。URLをネットで検索しても同じ物は何一つ引っかからない。謎のアドレスだった。

更にこの電話とメールが増加したときを境にして、通信関係に気になることが始まった。

携帯・固定電話問わず、通話中のノイズが増えたのだ。

パソコンのデータ通信速度も目に見えて落ちた。通常の十分の一以下だ。酷いときには回線が切れる寸前のときもある。

当時は二階建ての借家住まいだったから、集合住宅故の回線混雑ではない。

色々調べたり、プロバイダーなどに訊いてみても答えは出なかった。

また、周辺の住民から〈片岡氏の家の周りを見覚えのない人が歩いている〉という情報がもたらされた。

それも同一人物ではなく複数いるらしい。

二十代から四十代の男女である。

日本人にしては少し違和感がある服と髪型をしていたようだ。

幸いと言うべきか、そうではないと言うべきか、彼自身はその〈見覚えのない人〉を見たことがない。まるで向こうが意図的に姿を隠しているようだ。

そこで片岡氏はピンときた。

自分が調べていることが気になっている〈何者か〉なのだろうと。

幸い自分は独り身である。護るべきものはない。が、一応身辺に気を付ける。

加えて調査済みの〈地図とメモ、他資料〉データはパソコンには残さないことを決めた。

各種リスクがあるデジタル媒体より紙媒体で複数コピーをすることを選んだのだ。

コピーしたデータは分散して各所に保管する。自宅に三カ所。レンタル倉庫に一カ所。

秘密の隠し場所に二カ所。友人には預けない。彼らに迷惑が掛からぬように、だ。

尚且つ念には念を入れ、自宅には厳重な戸締まりを心がけた。

出かける際、鍵の確認は数回に及ぶ。それでも不安があれば確かめに戻った。

それだけでは安心できないので、各種手立ては講じていた。

例えば窓は鍵だけではなく、別途購入したロック器具などを導入している。

言わば、完全な密室状態とも言えようか。

だが、ある夜、自宅へ帰ったときだ。

屋内の雰囲気が少し違っていた。何処がどうというのではない。

強いて言えば肌に触れる空気の感じ、空気の匂い、か。嗅ぎ覚えのない薄い香水と、自分の物ではない体臭が漂っている。誰かがいたような気配が色濃く残されていた。

(まさか、侵入者か)

慌てて〈地図とメモ、他資料〉のデータ置き場所をチェックする。

三カ所ともなくなっていた。

信じられない。厳重な戸締まりをした我が家にどうやって入ったのだ。

家中の施錠を確認して回るが、何処も異常はない。全てロックされている。

どうしても侵入経路が分からない。

ふと厭な予感がした。取るものもとりあえず、外へ飛び出す。

各所に分散した複製データの所在を確かめた。が、既に時遅しだった。

データはどれも軒並み姿を消しており、ほぼ完全に失われてしまった。

また、その侵入事件直後から、自宅の敷地内に侵入者の痕跡が見られるようになった。

庭木が半端に切られていたり、自宅の壁に泥のような汚れが付いていたり、家屋の一部にピンホールのような極小の穴が空いていたりするのだ。

それだけではなく、庭の一部に一度掘ってからまた埋め戻されたような跡もあった。

掘り返してみたが危険物などは見当たらない。代わりに小石や砂利の層が出てきた。自分の庭に砂利は敷いていないし、自分でやった覚えもない。念の為、他の場所を掘り返してみたが、それに類する物は何も出てこない。誰かがわざわざ埋めたことになる。

警察に届けてみても、犯人は捕まらない。

自宅内も庭も、決定打となるような証拠などは一つも残されていなかった。

（これは、警告か）

どれを取っても何らかのプロの仕業だとしか思えない。

あの土地売買に関することを嗅ぎ回られたくない相手がバックにいるのだろう。

調査を止めればこれらの異状は収まるだろうことは自分でも分かっていた。

しかしそれは相手の圧力に屈することになる。

それにもっと真実を知りたい。だから再度調査をやり直し始めた。

――ここまで語ってきた片岡氏が一度話を区切った。

そして、ここからの内容は今までの話と少し趣が違う、と前置きをする。

自分でも未だ納得してはいないし、チープな話に聞こえるかもしれないが、と。

事の起こりは少し時間を遡る。片岡氏のノートが消えた後だ。

戸締まりを強化し安全性を高めた家の中で、おかしな物を目撃するようになった。

面を被った人の頭部だ。

否。頭部と言ってもそれが正しいのか、はっきりとは言えない。

どの角度から見ても、面の後ろにある顔の側面どころか、髪すら見えないのだ。

面部分も、ただの白っぽいベニヤ板……いや、長方形の単なる平面だ。目、鼻、口に値するようなものも、木目や模様、文様すら一切見当たらない。

ならば何故それが人間の頭だと思うのか。

曰く〈そうなのだと、自分の頭が理解してしまう〉のである。

彼の言葉を借りれば〈自分はそう（白い面を被った人の頭だと）思う。視覚情報としては真っ平らなものだと捉えているが、脳は立体として認識している〉。

自分でも納得がいかないし、説明し難いところだが、そうなのだからどうしようもない。

そもそも〈四角く白いモノ〉がはっきり見えているのに、何となくぼんやりしていると感じる辺りが如何にもおかしい。

更に、その頭が〈その目で確実に自分の姿を捉えている〉ことすら伝わってくるのだ。

勿論前述の通り、相手には眼球も見当たらなければ、それらしき物もない。

しかし強烈な、射るような視線を感じる。

やはりおかしなモノなのだと思わざるを得ない。

これは気が付くと目に入る。昼夜問わず、いつの間にか姿を現す。

部屋で一息吐いたとき振り返るとそこにいる。家に入った途端、目の前に浮いていることもあった。寝ようと布団に入ると真横の壁にいたこともある。

時々拳や掌で攻撃してみるが何の手応えもない。消えるだけで終わる。

考えてみれば出現パターンにも一貫性がない。決まっているのは何もしないことと、少し目を離した隙に忽然と消えることだ。それこそ瞬き一つの合間にいなくなっている。

また、これは片岡氏が一人のときだけ出てくる。誰か一緒にいたら絶対姿を現さない。

他人とは共有できない現象であった。


実は、この〈四角い面を着けた頭部〉が出始めてから彼は体調を崩すことが増えた。

ちょっとしたことで喉が腫れ、声が出なくなる。そして高熱に悩まされた。

そんなときに鏡を見るとリンパが腫れたのか、自分の顔の輪郭が四角く見えた。

ふとあの〈四角い面を被った頭〉を連想してしまうことは否めない。

症状が出る度に病院へ行くが原因が判明せず、ついには大学病院の紹介状を貰った。

しかしそこでも明確な診断は下されなかった。

他は、知らないうちに身体に付いた生傷が酷く化膿して一大事になりかけたこともある。

別のときには足の爪が数枚剥げていた。

痛みがなかったせいで気付かなかった。真っ赤に染まった靴下を見て発覚したのだ。

確認すれば、右足の人差し指、中指、薬指の爪が根元から綺麗になくなっている。爪そのものは靴下の中にも靴の中にも残っておらず、どうしても発見できなかった。

その後、すぐに爪の剥げた跡を処置したが化膿し、激痛で歩けなくなった。

（あのお面に関係しているのか。まさか調査を邪魔したい連中からの呪詛なのだろうか）

本人としては少し〈阿呆らしい妄想〉と思うが、やはり何かあるのだろうとしか考えられない。だから神社などでお祓いや祈祷をしてもらったこともある。

効果は多少あった。

お祓いや祈祷の直後は、あの〈四角い面の頭〉が出なくなるのだ。

だが、一カ月を待たず〈四角い面の頭〉は復活した。

頭を見た直後は、特に体調不良に陥りやすかったように思う。

焼け石に水どころか、逆効果だったとしか言い様がなかった。

〈四角い面の頭〉が出始めて数カ月後、一年満たない頃か。

片岡氏は仕事の都合で別の土地へ引っ越した。

政令指定都市であるが、少し車を走らせると大自然に囲まれた土地がある所だ。

そこでも日本の土地が外資に買い叩かれていた。

外国語の看板が立てられ、そこに〈私有地につき立ち入り禁止〉とあり、鉄条網が張り巡らされている。他も前に調べていたところとてもよく似た状態になっていた。

だから彼は新たにこの近辺の調査を始めた。

そのせいかどうか知らないが、また自宅周辺（会社のツテで借りた二階建てである）で、〈おかしな人間が彷徨《うろつ》くのを見た〉と近くの住民から聞かされた。

日本人にしては髪や服が微妙なチョイスで、二十代から四十代程度の男女、である。

今回もそんな連中の姿を彼は目にできていない。

また、借家の庭に侵入された形跡も始まった。こちらも以前とよく似たパターンだった。

更に家屋内で時折異臭が漂う。ただし、香水や体臭ではなく、消毒液のような病院内を思わせる物であった。ちなみに自宅には臭いの元になるようなアイテムは一切ない。

当然と言うべきか、警察へ駆け込んでも犯人が捕まることがなかった。

また、あの〈四角いお面の頭〉は今も出てきている。勿論体調不良も続いていた。

対策は未だ見つからず、そのおかしなモノと付き合うしかなかった。

話を知る人間は僅かにいるが、彼らは口を揃えて「幻覚だろう」「脳の問題」「心の病気」「訳が分からない」「怖くないのか」「お前はおかしい」「逃げろ」「普通なら逃げる」「我慢するな」と至極真っ当なことを言う。

確かにその通りだが、逃げたら自分の負けだと思うから、耐えている。

我ながらどうしてここまで意地を貫き通しているのかすら分からなくなってきた。

ふと頭に浮かぶ。

(逃げられないようにされているのかもしれない。それ含みの呪詛なのだろうか)

馬鹿げていてチープな想像だと自嘲してしまう。

だが、今の自宅へ招いた数名の人からこんなことを言われたこともある。

〈片岡さん、何か女性と住んでいますか?〉

住んでいない。独り暮らしだ。曰く、女性の香りがするらしい。彼には分からない。

〈今、あっちの部屋、庭に面した和室にいましたか?〉

いない。台所から今来たところだ。全く和室には近付いていない。

〈片岡さん、さっき二階へ上がりましたか? 上から足音がしたのですが〉

上がっていない。上からの足音も聞いていない。

そればかりか、この家に泊まった人間は三日以内に高熱を出す。

新しい土地でできた友人知人も次第に足が遠のいていったのは、自明の理だろう。

先日、人の多いカフェで片岡氏と待ち合わせた。

店内を見渡せば、彼は奥の席に座っている。面窶《おもやつ》れして、疲れた雰囲気を漂わせていた。

以前と変わらず本業の合間を縫って調査を繰り返しているようだ。

最近は自分の貯蓄を崩し始めたから大変らしい。持ち株まで売却してしまったようで、やはり出費は嵩むと笑う。その笑みに力がない。

移り住んだ自宅も未だ侵入が繰り返されているらしい。

〈四角いお面の頭〉も出ているようだ。

その話をしていると、彼はふと考え込むような顔で口を開いた。

「今になって考えると、お面は調査していた土地で見たシールを想像させる」

単なる直感でしかないし、阿呆な妄想だが、と付け足した。

こちらとしては何とも判断できない話だ。

しかし、どうしてそんな状況なのに彼は調査を止めないのだろうか。

「他からも言われる。どうしてそこまでするのか、もう止めてしまえばどうかと周りから問われるが（日本の危機を）知ってしまったのだから仕方がない」

彼には考えていることがある。

〈いつになるか分からないが、（これら一連の問題の）発表をしたい〉

〈媒体は何でもよい。問題提起である。日本には危機が迫っている〉

〈これによって何か自分の身に起こるかもしれないが、やらなくてはいけない〉

もし何かあったら、そのときは察してほしいと彼は真顔だった。

そこには真剣な憂いがあった。

少しの沈黙の後、彼は時事問題について熱弁をふるい出す。

その際、以前取材した〈ある話〉のことをふと思い出し、彼に話してみた。

＊　＊　＊

ある人が、同業他社の社長から聞いたという。

「某社が倒産するのは、時間の問題だ」

社長の言葉によれば〈某社の自社ビルが斜めに傾いで見えるから〉らしい。

ビル内に入った人間も、平衡感覚がおかしくなると言っていた。

だがその某社は業界の大手であり、業績もさほど悪化していない優良企業だ。

現状、そんなことになるとは思えない。が、社長は続ける。

「ある年に、世界的に〈ある〉ことが起こる。それがあの会社の終わりの始まりだ」

「その一年後、経営者が責任を取り、がらりと入れ替わる」

「一時期持ち直すが、その後駄目になる」

まるで予言だ。

世界的に起こる〈ある〉ことが気になる。訊いてみると社長は自嘲気味に教えてくれた。

「それは突拍子もないことだ。でも、ことが起こればすぐに〈これか〉と分かる」

「正直に言えば、あの会社倒産云々より、それが起こるほうが大変なことだ」

その、ある年とはいつか。

「それは、私が死んだ翌年か翌々年だよ」

自信満々な態度はただの冗談とも思えない。

社長は予言でもできるのかと言えば、首を振った。あとは笑いでごまかされてしまった。

この話は、とあるクラブのＶＩＰルーム、閉鎖された空間で限られた人だけが耳にした。

二〇一六年初頭に、あの予言めいたことを言っていた社長が亡くなった。

周囲の人間が驚いたのは言うまでもない。死ぬような前兆はなかったからだ。突然死であったが、発見された場所は自宅の神棚の前であった。手に榊《さかき》を握り締めており、それを放させるのに苦労したと聞いた。


この話をしてくれた人は、あのときのことを最近特に思い出すと言う。

「それは突拍子もないことだ。でも、ことが起こればすぐに〈これか〉と分かる」

「正直に言えば、あの会社倒産云々より、それが起こるほうが大変なことだ」

「それは、私が死んだ翌年か翌々年だよ」

何が起こるのか。

現段階では何も分からない。

＊　＊　＊

この〈ある〉ことについて、片岡氏は個人的に、と前置きして予測を口にする。

多くの人が思い至るであろう内容であった。が、表情を曇らせながら彼が付け足す。

「だから、この先の日本のことを考えると誰かが何かをやらなくてはならない」

命を削って、否、命を何かに売り渡してでも、と。

会話の合間に調査の資料を出してくれる。ルーズリーフのノートだ。

今回は各種資料をデジタルとアナログ化して、かなり複雑な隠し方をしていると笑った。

お陰で今のところ盗まれたのはごく一部のみであり、大半のデータが残っているらしい。

手書きの日本地図上に残された記号と意味を教えられたが、確かに数多くの土地が海外資本に押さえられていた。それも国内の重要地点と絡んでいるようにも思う。

スマートフォンに入っていた画像データも目にしたが、件の〈シール〉〈傷〉〈各破壊跡〉などはかなりの数が収められていた。

しかし、言っては悪いがこの程度の地図とデータのメモ、画像では、盗る意味がないようにも感じられる。少し調べたらすぐに揃えられるレベルのものだからだ。

世に出したとて〈自分の身に何かが起こる〉ようなものと思えない。

疑問を口にしてみれば、片岡氏は頬を緩めた。

「まだ見せても話していない、ちょっと拙いデータは他にあるから」

その拙いデータを見せて頂けないかと頼んだが首を振られる。

あなたにも累が及ぶといけない、と断られた。では画像だけでもと繰り返してみたが、頑として了承は得られない。

不穏な空気になったので、話題を変えるため体調について訊ねた。
最近は調子がいい、食欲もあるのだと、注文したスイーツを指さした。
果物が沢山乗ったフルーツタルトだった。
病院で精密検査を受けても異常なしだと太鼓判を押された、と自慢げだ。
こちらからすれば、信じ難い。彼は初めて会ったときと比べ、かなり痩せ細っている。
背丈すら縮んだように感じた。普通の状態にはとても思えなかった。
フォークを持つ彼の手が大きく震えている。
飲み込むのに少し時間が掛かるようで、最後はアイスコーヒーで流し込んだ。
結局、タルトは大半が残された。

別れ際、彼は身体全体を使って手を振る。
その姿はやはり前より大分小さく映った。

侵攻パック

普段からラバー好きを公言していた堀口君は、皮のフィット感に溺れるうち、遂に真空パックプレイへの興味を抑えきれなくなっていた。

「ラバースーツが身体にめっちゃ密着してくるじゃん？　それが更に空気を抜いてピタッとすんだよ？　そんなん想像しただけでたまんないっしょ？」

説明が必要だろう。彼の主張はある種の嗜好に関するもので、『サイズの小さい皮製のボディースーツを着ると、密着感があって大変よろしい。中の空気を抜くと尚よろしいに違いない』となる。ボディースーツというのは全身タイツのようなものだ。

彼によると、ラバースーツプレイの難点の一つは、非常に手間が掛かることである。皮製品のメンテナンスでは丁寧な洗浄に加え、色艶や伸縮性の維持のためパウダーやオイルを塗るため、いざ着るとなると周辺をかなり汚してしまう。

「そこいくと、真空パックプレイなら掃除機とかでいけるからさぁ、絶対楽なんだよ」

しかし問題が一つある。密閉後、中の空気を抜くポンプのスイッチを操作する人間が必要なため、一人ではできないのだ。

そこでまず、堀口君はネットでパートナーを探す必要があった。

一年近く経って漸く具体的に話が纏まったのだという。

『お手伝いします。私は写真だけ撮らせてもらえればいいです』

堀口君はメールの返事を読んで小躍りした。

写真を見た限り、ショートカットで小柄な女性だった。凄く若くはないようだったが、スイッチを押すだけの役回りであるから危険がなければ及第点である。

この女性はミコと名乗った。アマチュアの写真家であるらしい。

他は部屋に入れたくない人物が多かった。ホテルまで布団圧縮機と袋を持ち込んでドタキャンなどの悲しさを考え、自宅でという条件には拘《こだわ》りがあったのだ。

話はあっさり決まり、約束の日となった。

場所は堀口君のワンルームである。ミコは意外に楚々《そそ》として、初々しさがあった。

彼の期待は高まりっぱなしで、挨拶もそこそこに全裸になり、足先から黒い半透明ボディバッグに収まった。

ボディバッグはマットレスとのその上の堀口君がすっぽり収まるものだ。目鼻口のところをくり抜いて、窒息しないようになっている。足元近くから伸びたパイプがポンプまで繋がっており、ここからバッグ内の空気を抜く。

減圧したビニル内部で、マットレスに磔《はりつけ》されるイメージだ。

ミコがスイッチを入れると急激に柔らかいポリ塩化ビニルのシートが身体に張り付いた。

顔にぴったりとオイルを塗って、空気穴周辺の気密性が一定になるよう確保してある。

そこでミコはスイッチを切って「大丈夫？」と気遣った。大丈夫そう、と彼が答えると再びスイッチが入った。

徐々にボディバッグが張り詰め、フィット感が増すとともに身体の自由が奪われる。

堀口君は、これは縄を使わない緊縛プレイなんだと思った。痛みや跡が残らない。加熱式タバコのような手軽さで、且つ一歩誤れば事故になる緊張感はある。

「撮影するね」

ミコがそう言って準備を始めると、堀口君は妙な感覚に襲われた。

足元のほうでミコが機材を準備しているはずが、頭上にも人の気配がある。

ポンプの動作音で聴覚が鈍っているが、張り詰めた肌感覚が鋭敏になっているようだ。

頭上に誰かがいる。しかし全く身体を動かすことができない。特に首は動かせない。下手に動かせば、ボディバッグに空けた空気穴から鼻と口がずれてしまう可能性があったからだ。

「うわー、形がクッキリ。……撮るね」

ミコの声がした。堀口君は返事をしたが、聞こえたどうかは分からない。

足元のほう、視界の外からシャッター音が繰り返し鳴る。

いよいよ恍惚《こうこつ》としてきた彼だったが、すぐ横を誰かが通り、我に返った。

今のは気配では済まない。

仰向けに転がっている自分の左側を、人影が頭上から足元のほうへ通るのがはっきりと見えた。

「ねぇ」と声を上げる。

「誰かいるっ⁉」

ミコは「何言ってんの。私がいるでしょ」と答えた。

「他に！」

「……？　私とあんただけよ。何言ってんの」

大丈夫？　と、彼女が覗き込む。休もうかという彼女に、どうか続けてほしいと懇願した。

（集中しろ、集中）

集中すればするほど、第三者の気配が気になる。

思わず起き上がりそうになるが、実際は首すらも起こすことができない。バッグのせいなのかどうかもよく分からない。ただ不条理な拘束感にぴったりと満たされている。
そこへ、気泡のような不安が混じる。
「……ねぇっ、ほんとに誰もいない!?」
「いないってば」と、再び視界にミコが入ってきた。
その顔を見て堀口君は息を呑んだ。
「そんなに気になるなら一回止めるから……自分で確認してよ」
と口調は普通だが、白目を剥いている。
僅かに見える黒目は真上にひっくり返って、プルプルと左右に痙攣している。
その背後に、ヌッと男が現れた。
肩幅からしてガタイのいい男だ。部屋は明るいのに、影のように黒い。
「ねぇ……聞いてるの？　大丈夫？」
そう訊いたまま、ミコは堀口君の上に倒れた。
ビクンビクンと、彼女が細かく小さく痙攣しているのが分かる。
現れた黒い男は立ったままこちらを見下ろしている。
（こいつは……）
誰なんだ、というところまで思考が回らない。

可能性としては、ミコが共謀して招き入れた第三者だろう。又は、単に舞い上がった自分が戸締まりを怠ったせいかもしれない。

しかし突然のことだ。思考が纏まる前に、ポンプの駆動音、そして全身にぴたりと纏った圧迫感によって押し潰されてしまう。

意識が今にもプッツリと途切れてしまいそうだが、そう簡単には気絶できなかった。

目の前の黒い男から目が離せない。

その男が、砂を崩すかの如く、ズルズルと溶けたように見えた。

(消えた……!?)

ハッハッと呼吸が戻る。どうやら、最前から自分は呼吸を忘れていたようだ。

息を吐きだして胸部の体積が縮むと、その分だけ収縮するボディバッグによる圧迫が進む。

ポンプを停めようにも、肝心のミコは自分の上で小さく痙攣している。

「ミ、ミコさん！　起きて、切って、停めて」

必死に声を絞り出して呼びかけても、何ら、何一つ効果がない。

そのうちに、足元に妙な感覚があった。

何しろ頭の天辺から足の先まで、全裸で包まれて減圧されているのだ。彼にとってその妙な感覚は、飛び抜けて生々しい感覚だった。

ざらざらした、明らかな異物の感覚。味わったこともない冷たい怖気の塊。それが踝から脛《すね》、膝、腿と這い上がってくる。

それは蠢く、左右合計十本の指と思えた。

それはポリ塩化ビニル越しではなく、直に触れている。このボディバッグの足元方向には開口部はない。だがこの感覚は明らかに、柔らかいビニルと彼の間を、メリメリとかき分けて侵攻してくる。

堀口君は首を伸ばそうと必死に動いた。下を見るためではなく、上へ逃げるためだ。

ざらついた冷たい腕が、ぴたりと彼に張り付いて上がってくる。

それはもう胸に至り、首筋に指が触れる。

グリグリと頭を振って上部を伸ばす。頭を持ち上げて足元側を向くのは不可能とも思えたが、上は意外に簡単に向くことができそうだった。

ぐっと上を向く。

すると、突如視界が暗くぼやけ、鼻と口が塞がれた。顔面のオイルがズルッと滑り、空気穴とずれてしまったのだ。

思い切りビニルを吸い込んで視界が途切れた。

(あっ、死んだ)

そう思った。慌てて首を戻そうにも、一度ズレた空気穴が上手く戻らない。

体内の残存酸素の不足を感じる。単に息を止めるのと異なり、こうした状況で窒息は極めて高速に進行する。

意識が遠のく。左胸に乗っていたミコの重みが消えた。

ミリミリミリッ——と、突然、顎に張り付いた空気穴周辺が引き剥がされ、バッグ内に空気が入ってきた。そのまま首から上でビニルの密着が、引き離されてゆく。

そこに生まれた隙間で一呼吸し、堀口君は咄嗟に首を戻した。

目の前に、黒い男がいた。

真っ暗な顔。それはのっぺらぼうではなく、小さな小さな眼球が二つあった。

それは真っ暗闇の中、両手を伸ばしたよりも遠いところに浮かんでいるようだ。

二つの眼球と目が合っている。

目を逸らすことは、できない。

どれほどそうして見合っていただろうか——突如、金属を擦るような絶叫が響いた。

ややあって、ドタバタと動く音と、震えた声。

「誰っ!?　誰なの!?」

ミコだ。彼女が気付いたのだ。

『たすけて』

自分の声ではない。

『たすけて』

再度。だがこれも、堀口君の声ではなかった。

しかしポンプの音は止まった。後で聞いたところによると、ミコは助けを求める声に反応したのだそうだ。

全身の自由が戻り、堀口君は黒い男の下から抜けて這い出した。

抜け出して見てみると、後にはぺしゃんこになったボディバッグがあった。

黒い男は、もうそこにはいなかった。

二度と真空パックプレイはしないと言う堀口君だが、「難しいとこだよね」とも言う。

勿論これは、真剣な話である。彼の目は、少しもふざけてはいない。

「プレイ中に周囲をウロウロしてくれる外野がいれば、ちょっと考えるかも……」

著者あとがき

つくね乱蔵

閉鎖から連想するものは、部屋とか社会などでしょうが、真っ先に『心』なんてのが浮かびました。自分でもダメな人だなと思います。

橘　百花

最近は「縁」というものについて考える機会が増え、色々面白いなと思う出来事と驚きの連続です。今回も取材にご協力いただきました方々や読者の皆様、ありがとうございました。

鳥飼　誠

閉鎖空間と言えば、自分はすぐにトイレを思い出します。それは怪談の温床ですが、今回は残念ながらトイレの話は聞けませんでした。

神沼三平太

閉鎖空間というのは非常に難しいお題でした。閉鎖しているという状況をどのように解釈するか。物件ものとの差異はどうするか。原稿を提出した後もまだ悩んでいます。

渡部正和

作品とは関係ありませんが、何故か離島に憧憬を抱いています。もちろん永住したいとかそういったことではなく、旅行したいとか釣りをしたいとか、そんなレベルの話です。

戸神重明

先月出た単著『怪談標本箱　生霊ノ左』にも廃車、廃墟、暗渠、独居部屋などの閉鎖空間が舞台となる話を書きました。そちらもよろしく。それでは、魔多の鬼界に！

三雲 央

「閉鎖」という言葉を聞いてまず連想したのが「屋上」で、その次に連想したのが「山間部」と「回転ドア」でした。

ねこや堂

最近、心霊好きの友人に旅行に誘われて困ってます。宿は曰く付きのところばかり。話を聞くのは好きだが体験したいわけではないと何度言えば分かってくれるのでせう。

鈴堂雲雀

知人からの紹介でこの話を預かりました。実は私の先祖も同じ商売をしていまして、それを知って話す気になれたそうです。さて、最後の言葉は何を意味するんでしょうねぇ。

久田樹生

今回のルポはどうしても世に出したいものでした。元の原稿に、再取材による大量の加筆修正・取材時のエピソードの追加を行っています。

高田公太

生ける者誰もが「この世」に閉じ込められていますし、死ぬと「あの世」に閉じ込められます。閉じ込められずにいることは誰にもできません。なんだか怖くなってきました。

加藤 一

閉所恐怖症、高所恐怖症、先端恐怖症、蓮恐怖症、所謂「フォビア」には色々種類があるらしいですが、幸いにして「手摺りのない高所」以外は大抵平気です。あと饅頭と熱いお茶怖い。

雨宮淳司

茶会には、幽霊とか妖怪の掛け軸も使えるそうですので、怪談茶会というのも可能なんじゃないかなと思っています。いや、もうどこかでやっているのかも。

深澤 夜

どうも閉所恐怖症の気がありまして、電車くらいでも十分苦手です。何が怖いのか分からないけど直視したくない。そんな調子なので今回は難儀しました。苦手です。

本書の実話怪談記事は、恐怖箱 閉鎖怪談のために新たに取材されたものなどを中心に構成されています。快く取材に応じていただいた方々、体験談を提供していただいた方々に感謝の意を述べるとともに、本書の作成に関わられた関係者各位の無事をお祈り申し上げます。

恐怖箱 閉鎖怪談

2017年12月6日　初版第1刷発行

編著　加藤 一
共著　雨宮淳司／神沼三平太／高田公太／橘百花／つくね乱蔵／戸神重明／鳥飼誠／ねこや堂／久田樹生／深澤夜／三雲央／鈴堂雲雀／渡部正和
総合監修　加藤 一
カバー　橋元浩明（sowhat.Inc）
発行人　後藤明信
発行所　株式会社　竹書房
〒102-0072　東京都千代田区飯田橋2-7-3
電話03-3264-1576（代表）
電話03-3234-6208（編集）
http://www.takeshobo.co.jp
印刷所　中央精版印刷株式会社

定価はカバーに表示しています。
落丁・乱丁本は当社までお問い合わせ下さい。

ISBN978-4-8019-1281-6 C0176